LOW CARB *Express*

In 25 Minuten vorbereitet – dann übernimmt der Thermomix®

1. Auflage
falkemedia GmbH & Co. KG

Von den Machern von
mein ZauberTopf

HINWEIS Thermomix®, TM5® und Varoma® sowie die Produktgestaltungen des Thermomix® sind eingetragene Marken der Unternehmen der Vorwerk-Gruppe. Für die Rezeptangaben in „mein ZauberTopf – EINFACH LECKER" ist ausschließlich falkemedia verantwortlich. Es bestehen keine geschäftlichen Beziehungen zu Vorwerk.

AF625686

INHALT

7 **Vorwort**

10 RATGEBER: LOW-CARB-GUIDE
Mit diesen cleveren Kniffen und dem Thermomix® purzeln die Pfunde wie von selbst

14 **Start in den Tag**
Von Brötchen über Omelett bis Smoothie: Fixe Sattmacher sorgen für einen guten Morgen

28 **Easy Lunch**
Pfiffige Kreationen, die ihr in maximal 10 Minuten zubereitet, dann übernimmt der Thermomix®

44 RATGEBER: GUT VORBEREITET
Smarte Tricks, mit denen ihr reichlich Zeit spart, um unter der Woche lecker zu kochen

46 **Ofenliebe**
Verwöhnt euch mit Comfort Food: Genießt Pizza, Flammkuchen und Aufläufe – natürlich low-carb!

62 RATGEBER: TURBOTRICKS
Smarte Tipps, wie ihr in der Küche noch mehr Zeit spart – so passt Low Carb in jeden Alltag

64 **Schnelle Feierabendküche**
Abnehmen war noch nie so einfach: Ruckzuck habt ihr diese Köstlichkeiten auf den Tisch gezaubert

86 **Am Wochenende**
Jetzt steht das Verwöhnprogramm an, denn nach wenigen Handgriffen übernimmt der Thermomix®

98 RATGEBER: MIXEN FÜR ALLE
Wie ihr eure Low-Carb-Ernährung in den Alltag integriert und für Familie und Co. mitkocht

118
KAFFEEZEIT

64
SCHNELLE FEIERABENDKÜCHE

100 Zum Naschen
Süßes geht immer und tut der Seele gut: kleine Gaumenfreuden für bedenkenloses Schlemmen

116 RATGEBER: ZUCKERFREI NASCHEN
Wir verraten euch, wie Süßschnäbel mit gutem Gewissen auf ihre Kosten kommen

118 Kaffeezeit
Jetzt ist Zeit für cremigen Käsekuchen, saftigen Schokokuchen und Waffeln – greift zu!

132 RATGEBER: BACKEN
So ersetzt ihr die kohlenhydratreichen Zutaten der klassischen Kuchenbäckerei ganz geschickt

134 Wochenpläne

140 Kurzanleitungen

142 Rezeptregister

144 Impressum

14
FRÜHSTÜCK

28
EASY LUNCH

falkemedia
Wir begeistern Menschen.

VORWORT

100 % Genuss, 0 % Verzicht

Wir sind überzeugt davon, dass leicht zu essen ganz einfach sein kann. Daher haben wir in diesem Buch nur wirklich schnelle und unkomplizierte Gerichte mit Zutaten, die ihr kennt und überall bekommt, für euch entwickelt.

Hier findet ihr unsere absoluten Low-Carb-Wunder, die in Rekordzeit im Thermomix® zubereitet sind. Unsere Expressrezepte erfordern maximal 25 Minuten für die Vorbereitung, danach übernimmt der Zaubertopf für euch. Das bedeutet auch: mehr Gelassenheit und Ruhe für all die anderen wichtigen Dinge im Alltag.

Natürlich teilen wir auch unsere wertvollen Tipps, wie ihr die Funktionen eures Thermomix® optimal nutzen könnt, um eure Low-Carb-Küche auf ein neues Level zu heben und mit wenigen Handgriffen Abwechslung auf eure Teller zu bringen. Wir möchten, dass ihr euer Wunschgewicht so einfach wie möglich erreicht.

Wir sagen: Tschüss, komplizierte Rezepte, und auf Wiedersehen, Stress! Und: Hallo zu viel Genuss ganz ohne Verzicht.

Wir wünschen euch viel Spaß in eurer Küche mit dem Thermomix® und viele Genussmomente!

Euer

mein ZauberTopf Team

LOW CARB EXPRESS

Maximaler Geschmack, minimale Kohlenhydrate, und das in kürzester Zeit. Mit dem Thermomix® an der Seite kein Problem!

VORWERK
00:00
thermomix

LECKER ABNEHMEN

Unser Ziel: Gewicht reduzieren. Erfahrt hier, wie euch das ab jetzt gelingt und wie ihr die klassischen Fehler ganz leicht vermeidet

Lecker, leicht, low-carb

Euer Begleiter

Low Carb heißt vor allem auch, selbst zu kochen, denn so wisst ihr, was drinsteckt. Versteckter Zucker, wie etwa in Dressings oder Brotaufstrichen, gehört der Vergangenheit an. Der Thermomix® ist gerade in der Low-Carb-Ernährung der perfekte Begleiter: Er gart Gemüse sanft und schonend, zaubert im Nu schmackhafte Rohkostsalate, rührt den Teig für leckere Low-Carb-Brote, kümmert sich um Suppen und Soßen und hilft uns, gesunde Snacks zuzubereiten.

ABNEHMEN MIT LOW CARB?

Kohlenhydratreiche Lebensmittel wie Nudeln oder das Croissant vom Bäcker lassen euren Blutzuckerspiegel schnell stark ansteigen. Denn die Kohlenhydrate werden im Körper zu Glukose umgewandelt, also zu Zucker, und der wandert ins Blut. Esst ihr viele, besonders kurzkettige, Kohlenhydrate am Tag, steigt und sinkt euer Blutzuckerspiegel ständig, weil der Körper mit Insulin versucht, den Anstieg zu regulieren. Das begünstigt nicht nur die Einlagerung von Fetten, sondern hemmt gleichzeitig den Fettabbau. Und wenn der Blutzuckerspiegel sinkt, bekommt ihr Heißhunger – denn der Körper möchte mehr Glukose. Ein Teufelskreis also. Und genau hier kommt Low Carb ins Spiel!

Wenn ihr mehr gute Fette und Proteine zu euch nehmt, stoppt ihr dieses Auf und Ab. Der Blutzuckerspiegel bleibt stabil und ihr habt keine Heißhungerattacken. Und die Pfunde purzeln dabei ganz nebenbei! Das Beste: Ihr könnt euch trotzdem satt essen und müsst nicht hungern. Welche Lebensmittel sich besonders gut eignen, haben wir für euch in der Einkaufsliste (siehe rechts) zusammengefasst.

Besser selbst gemixt

Kohlenhydratfallen!

In vielen Lebensmitteln steckt jede Menge Zucker, werft also am besten immer einen Blick auf die Zutatenlisten. Diese Lebensmittel sind für Low Carb nicht geeignet:

- Dosenobst
- fertig mariniertes Fleisch und Salami
- Fertigsoßen wie Ketchup, Tomatensoße, Dips
- Frittiertes wie Pommes, Kroketten und Frühlingsrollen
- fruchtige Milchprodukte
- Fruchtsäfte, Limos und alkoholische Getränke
- Marmeladen
- panierte Fertiggerichte wie Fischstäbchen und Schnitzel

EINKAUFSLISTE

Diese Lebensmittel sollten ab sofort in euren Einkaufswagen wandern:

- **Eier:** Sie sättigen lang anhaltend – vor allem wenn sie mit ballaststoffreichem Gemüse kombiniert werden.
- **Fleisch und Fisch:** Am besten nehmt ihr Geflügel und Kochschinken sowie magere Fleischsorten. Auch Fisch ist bei einer kohlenhydratarmen Ernährung willkommen!
- **Gemüse und Obst:** Aus der Low-Carb-Küche nicht wegzudenken sind dabei vor allem Blumenkohl, Zucchini und Beeren.
- **Milchprodukte:** Butter, Buttermilch, Naturjoghurt, Quark, Kefir, Sahne, Schmand, Crème fraîche und Käse punkten mit ihrem hohen Gehalt an Eiweißen.
- **Nüsse, Samen und Saaten:** Paranüsse, Erdnüsse, Pekannüsse, Haselnüsse, Macadamias, Chiasamen, Flohsamenschalen, Leinsamen, Mandeln, Mohn, Kokosflocken, Kürbiskerne, Pinienkerne und viele mehr tun gut.

GANZ LEICHT ANFANGEN

Mit diesen Tipps wird eure Ernährungsumstellung richtig easy

START IN DEN TAG

Statt Brötchen könnt ihr ein leckeres Low-Carb-Müsli aus Nüssen, Samen, Obst der Saison und Milch oder Joghurt zubereiten. Das tut gut und versorgt euch mit Energie. Mit dem Thermomix® könnt ihr es prima auf Vorrat zubereiten.

STEP-BY-STEP

Gebt euch und eurem Körper die Zeit, die ihr braucht, um euch umzustellen. Das gelingt am besten, indem ihr zu Beginn erst mal nur eine Mahlzeit pro Tag durch Low Carb ersetzt. Am besten mittags oder abends. Statt Nudeln greift ihr zum Beispiel auf Gemüse zurück. Macht euch keinen Stress und verbiegt euch nicht. Der Umstieg soll zu eurem Alltag passen.

ESST, WAS EUCH SCHMECKT

Ständig nur Gerichte zu essen, die man nicht mag, ist frustrierend. Sucht euch neue Lieblingsrezepte, dann bleibt ihr auch am Ball! Nutzt dabei alle Etagen des Thermomix® und probiert Neues aus!

STRESST EUCH NICHT!

Ganz wichtig: Eine Low-Carb-Ernährung bedeutet nicht, dass ihr nun stundenlang in der Küche stehen müsst. In diesem Buch haben wir für euch die besten Rezepte zusammengestellt, die sich ganz leicht in den Alltag integrieren lassen. Denn die meiste Arbeit übernimmt der Thermomix® für euch.

Seid nicht zu streng

Es gibt Tage, da braucht man Seelentröster wie ein Stück Kuchen. Das ist vollkommen okay. Schaut nicht auf jeden einzelnen Tag, sondern blickt etwas weiter zurück. Was habt ihr schon alles erreicht? Seid stolz auf euch!

ZUTATEN
ERSETZEN

Dies sind die Top-10-Alternativen für eure Low-Carb-Ernährung. Greift beim Einkaufen, Kochen und Backen stets besser zu diesen Varianten anstatt zu den gewohnten.

1. **Low-Carb-Brot** anstelle von **Brot**
2. **Gemüsenudeln** anstelle von **Nudeln**
3. **Mandelmehl** statt **Weizenmehl**
4. **Pizzateig aus Gemüse und Käse** statt aus **Weizenmehl mit Hefe**
5. **Selleriepüree** statt **Kartoffelbrei**
6. **Blumenkohlreis** anstelle von **Reis**
7. **Gemüsechips** anstelle von **Kartoffelchips**
8. **Mandelmus** statt **Schokoaufstrich**
9. **Ungesüßter Früchtetee** anstelle von **Saft**
10. **Weinschorle** anstelle von **Wein**

NICHT HUNGERN!

Es stresst Körper und Seele. Wer hungert, bekommt schlechte Laune. Durch Essensverzicht können die gefürchteten „Fressattacken" ausgelöst werden. Beides könnt ihr vermeiden, indem ihr regelmäßig esst.

Viel trinken

Wasser regt euren Stoffwechsel an. Wir raten euch, täglich 30 ml Flüssigkeit pro Kilogramm Körpergewicht zu euch zu nehmen. Trinkt viel Wasser und ungesüßte Tees! Auch Infused Water, also Wasser mit Geschmack, ist eine tolle Alternative!

Tut gut

TUT EUCH WAS GUTES

Entspannt euch in dieser Zeit der Umstellung bewusst und schlaft ausreichend. Wie wäre es mit einem Spaziergang oder einem guten Buch?

VORWERK
02:51
2.0

GUTEN MORGEN

Mit einem guten Gefühl in den Tag zu starten, ist wichtig. Gönnt euch mit diesen Expressrezepten zum Frühstück schon Genuss ganz ohne Verzicht.

QUARKBRÖTCHEN

1 | Eier und Quark in den geben, **15 Sek. | Stufe 4** mischen und mit dem nach unten schieben. Sonnenblumenkerne, Leinsamen, Flohsamenschalen, Weizenkleie, Backpulver, Kichererbsenmehl und Salz zugeben und **20 Sek. | Stufe 4** mischen. Teig in eine Schüssel geben, abgedeckt 30 Min. quellen lassen.

2 | Backofen auf 220 °C Ober-/Unterhitze vorheizen. Ein Backblech mit Backpapier belegen.

3 | Körnermischung auf einen flachen Teller schütten. Teig mit dem in 4 Portionen teilen. Mit feuchten Händen zu länglichen Brötchen formen, in den Körnern wälzen, auf das Backblech legen und der Länge nach mit dem einkerben. Brötchen auf der zweiten Schiene von unten 30 Min. backen, auf einem Rost abkühlen lassen und servieren.

>**TIPP** Für einen gelungenen Start in den Tag könnt ihr eure Brötchen zum Beispiel mit Frischkäse und Gemüsetopping oder fettarmer Putenbrust als Aufschnitt belegen.

LOW CARB LOW FAT

PRO STÜCK: 370 KCAL | 27 G E | 18 G F | 16 G KH

40 Min. zzgl. 30 Min. Ruhezeit

Zutaten für 4 Stück

- 3 Eier
- 250 g Magerquark
- 30 g Sonnenblumenkerne
- 15 g Leinsamen
- 15 g Flohsamenschalen
- 55 g Weizenkleie
- 1 Pck. Weinstein-Backpulver
- 20 g Kichererbsenmehl
- 1 TL Salz
- 100 g gemischte Körner zum Wälzen

10
MINUTEN

5-MINUTEN-BROT AUS DER MIKROWELLE

1 | Alle Zutaten in den geben und **2 Min.** | verkneten. Kaffeebecher mit Butter fetten und den Teig in die Becher füllen.

2 | Brote nacheinander je ca. 2 Min. bei 800 Watt in der Mikrowelle garen, direkt stürzen. Vor dem Servieren abkühlen lassen.

>**DAZU PASST** Bestreicht die Scheiben nach Belieben mit Butter oder Frischkäse und würzt sie mit etwas Salz. Mit in Röllchen geschnittenem Schnittlauch garniert servieren. Für alle anderen am Frühstückstisch: Die Scheiben mit Butter, Konfitüre oder Nuss-Nougat-Creme bestreichen und servieren.

LOW CARB LOW FAT

PRO STÜCK: 345 KCAL | 15 G E | 30 G F | 7 G KH

5 Min.

Zutaten für 4 Stück

- 4 Eier
- 40 g Butter zzgl. etwas zum Fetten
- 2 TL Backpulver
- ½ TL Salz
- 120 g gemahlene Mandeln
- 1 TL Chiasamen

Außerdem

- 4 Kaffeebecher (oder mikrowellenbeständige Formen)

1
MINUTE

DETOX SMOOTHIE

Mandeln in den geben und **10 Sek. | Stufe 10** mahlen. Restliche Zutaten zugeben und **20 Sek. | Stufe 8** pürieren. Auf Gläser aufteilen und genießen.

LOW CARB LOW FAT

PRO GLAS: 127 KCAL | 4 G E | 5 G F | 15 G KH

5 Min.

Zutaten für 2 Gläser à 250 ml

- 20 g Mandeln
- 100 g Babyspinat
- 100 g Ananas, in Stücken
- 50 g grüne Weintrauben
- 30 g Blaubeeren
- 200 g Wasser

GRÜNE POWER

Babyspinat sorgt im Smoothie für Vitamine und eine tolle Farbe. Im Vergleich zu Blatt- oder Feldsalat als Zutat hat Spinat ein intensiveres Aroma.

4
MINUTEN

PORRIDGE MIT HIMBEEREN UND KÜRBISKERNEN

1 | ⅔ der Himbeeren, die Milch, 1 Prise Salz, Erythrit sowie die Haferflocken in den [Mixtopf] geben und alles **12 Min. | 100 °C | [Linkslauf] | Stufe 1** ohne Messbecher garen.

2 | Porridge auf Schalen verteilen, ringsum etwas Sahne angießen und alles mit den übrigen Himbeeren garnieren. Nach Belieben noch mit grob gehackten Kürbiskernen bestreuen und servieren.

LOW CARB LOW FAT

PRO PORTION: 185 KCAL | 7 G E | 8 G F | 20 G KH

15 Min.

Zutaten für 4 Personen

- 100 g Himbeeren
- 200 g Milch
- 1 Prise Salz
- 1 EL Erythrit
- 100 g feine Haferflocken
- 60 g Sahne
- 1 EL geröstete Kürbiskerne, grob gehackt

NATÜRLICHES SÜSSUNGSMITTEL

Beeren wie Himbeeren enthalten wenig Fruchtzucker und sind daher als natürliches Süßungsmittel prima geeignet. Zudem enthalten sie viel Vitamin C, Eisen und Kalium.

3
MINUTEN

OMELETT MIT SUCUK UND FETA

1 | Zwiebel und Petersilie in den Mixtopf geben und **3 Sek. | Stufe 8** zerkleinern. Mit dem Spatel nach unten schieben. Eier, Salz sowie Pfeffer dazugeben und alles **10 Sek. | Stufe 4** verrühren.

2 | Den Einlegeboden mit Backpapier auslegen und in den Varoma® einsetzen. Die Eimasse daraufgießen und Sucuk sowie Feta darauf verteilen.

3 | Das Wasser in den Mixtopf füllen, den Varoma® geschlossen daraufsetzen und das Omelett **18 Min. | Varoma® | Stufe 2** garen. Varoma® absetzen und Omelett mit etwas Petersilie garniert servieren.

LOW CARB · LOW FAT

PRO PORTION: 504 KCAL | 38 G E | 37 G F | 4 G KH

25 Min.

Zutaten für 2 Personen

- 1 Zwiebel, halbiert
- Blättchen von 4 Stielen Petersilie zzgl. etwas zum Garnieren
- 6 Eier
- 2 Prisen Salz
- 1 Prise Pfeffer
- 80 g Sucuk, in Scheiben
- 100 g Feta, zerbröckelt
- 500 g Wasser

BACKPAPIER

Mit diesem Trick könnt ihr den Varoma® ganz einfach mit Backpapier auslegen: Einen Bogen Backpapier auf die Größe des Einlegebodens zuschneiden, zusammenknüllen, anfeuchten und ausdrücken. Achtet darauf, dass die Seitenschlitze frei bleiben, damit der Dampf zirkulieren kann.

6
MINUTEN

PFANNKUCHEN MIT BLAUBEEREN

1 | Quark, Milch, Erythrit sowie Eier in den Mixtopf geben und **20 Sek. | Stufe 3** verrühren. Mandelmehl, Salz und Backpulver dazugeben und alles **15 Sek. | Stufe 4** zu einem glatten Teig verrühren. Umfüllen und den Teig 15 Min. quellen lassen. Die Blaubeeren vorsichtig mithilfe des Spatels unterheben.

2 | Kokosöl in einer Pfanne erhitzen, den Pfannkuchenteig darin portionsweise in 3–4 Min. goldbraun ausbacken. Pfannkuchen mit Blaubeeren garniert servieren.

>LOW-CARB-HELDEN Mit den Low-Carb-Klassikern Eier, Quark und Mandelmehl sind diese Pfannkuchen im Thermomix® superschnell zubereitet. Die süße Eiweißbombe lässt Heißhunger im Nu verschwinden und hält lange satt.

LOW CARB LOW FAT

PRO PORTION: 218 KCAL | 17 G E | 13 G F | 9 G KH

20 Min. zzgl. 15 Min. Ruhezeit

Zutaten für 4 Stück

- 150 g Quark
- 50 g Milch
- 20 g Erythrit
- 4 Eier
- 50 g Mandelmehl
- 1 Prise Salz
- ½ TL Backpulver
- 200 g Blaubeeren zzgl. einige zum Garnieren
- Kokosöl zum Ausbacken

19
MINUTEN

EASY LUNCH

Ob schnell im Homeoffice zubereitet oder zum Mitnehmen: Für diese genialen Low-Carb-Gerichte benötigt ihr nur 10 Minuten, den Rest erledigt der Thermomix®.

thermomix
00:00

HÜHNERFRIKASSEE MIT BLUMENKOHLREIS

1 | Die Petersilie in den geben, **3 Sek. | Stufe 8** zerkleinern und umfüllen. Den Blumenkohl im **3 Sek. | Stufe 5** zerkleinern und in den Varoma® umfüllen. Dabei ein Loch in der Mitte frei lassen, damit der Dampf zirkulieren kann.

2 | Zwiebel sowie Knoblauch in den geben, **5 Sek. | Stufe 5** zerkleinern und mit dem nach unten schieben. Das Öl dazugeben und beides **2 Min. | 120 °C | Stufe 1** darin andünsten. Wasser, Lorbeerblätter, Soja-Kochcreme, Gewürzpaste, Salz und Pfeffer sowie den Zitronensaft in den geben.

3 | Den Garkorb einhängen und das Hähnchenfleisch darin verteilen. Den Varoma® aufsetzen und den Einlegeboden auflegen. Karotten darauf verteilen, Varoma® verschließen und die Zutaten **16 Min. | Varoma® | Stufe 2** garen.

4 | Deckel vom Varoma® abnehmen, Erbsen auf dem Einlegeboden verteilen, Deckel auflegen, **5 Min. | Varoma® | Stufe 2** fertig garen. Varoma® absetzen und Garkorb mithilfe des entnehmen. Lorbeerblätter herausnehmen. Johannisbrotkernmehl zur Soße geben, **5 Sek. | Stufe 5** untermengen. Erbsen-Karotten-Mix, Hähnchen, Spargel sowie die Petersilie zur Soße geben, alles mit dem vermengen und **3 Min. | 100 °C | | ** erwärmen. Frikassee mit Blumenkohlreis auf Tellern anrichten und mit Petersilie garniert servieren.

LOW CARB LOW FAT

PRO PORTION: 352 KCAL | 38 G E | 15 G F | 21 G KH

35 Min.

Zutaten für 4 Personen

- 20 g Petersilienblättchen zzgl. einige Blättchen zum Garnieren
- 500 g Blumenkohl, in Röschen
- 1 Zwiebel, halbiert
- 1 Knoblauchzehe
- 30 g Öl
- 550 g heißes Wasser
- 2 Lorbeerblätter
- 100 g Soja-Kochcreme
- 2 TL Gemüse-Gewürzpaste
- ½ TL Salz
- ½ TL Pfeffer
- 2 EL Zitronensaft
- 500 g Hähnchenbrustfilets, in mundgerechten Stücken
- 250 g Karotten, in Würfeln
- 100 g Erbsen (TK)
- 1½ TL Johannisbrotkernmehl
- 100 g Spargel (Glas), in Stücken

SO GEHT NICHTS DANEBEN

Der Garkorb wird während des Kochvorgangs heiß, entnehmt ihn daher mithilfe des und lasst das Gargut noch kurz über dem abtropfen.

8
MINUTEN

ASIA-RINDERSTREIFEN MIT TERIYAKISOSSE

1 | Für die Soße den Sesam mit 1 EL Sesamöl in den [Mixtopf] geben und ohne Messbecher **2 Min. | Varoma® | Stufe 1** andünsten.

2 | Knoblauch, Ingwer und Chilischote in den [Mixtopf] geben, **5 Sek. | Stufe 6** zerkleinern. Mit dem [Spatel] nach unten schieben. Sesamöl, Sojasoße, Zitronensaft und Xylit zugeben, ohne Messbecher **4 Min. | Varoma® | Stufe 1** köcheln lassen, umfüllen und beiseitestellen.

3 | Das Wasser in den [Mixtopf] füllen und den Varoma® aufsetzen. Porree, Paprika sowie Brokkoli in den Varoma® geben, mit Öl, Salz sowie Pfeffer vermengen.

4 | Rindfleischstreifen in einer Schüssel mit etwa 50 g Teriyakisoße marinieren und auf dem Einlegeboden verteilen. Den Deckel auflegen und die Zutaten **15 Min. | Varoma® | Stufe 2** garen.

5 | Den Varoma® abnehmen und das Gemüse auf Tellern anrichten. Das Fleisch zum Gemüse auf die Teller geben. Mit der übrigen Teriyakisoße, Sprossen und Koriander garniert servieren.

> **GESUNDER GENUSS** Dieses Asia-Gericht heizt euch dank Ingwer und Chili kräftig ein. Dadurch nimmt der Kalorienverbrauch zu, Heißhunger kommt gar nicht erst auf. Das Rinderfilet versorgt euch zudem mit jeder Menge Eiweiß und hält euch lange satt.

LOW CARB LOW FAT

PRO PORTION: 444 KCAL | 48 G E | 21 G F | 18 G KH

25 Min.

Zutaten für 4 Personen

Für die Soße

- 20 g Sesam
- 20 g Sesamöl zzgl. 1 EL
- 1 Knoblauchzehe
- 30 g Ingwer, in Stücken
- ½ rote Chilischote halbiert, entkernt
- 100 g Sojasoße
- Saft von ½ Zitrone
- 2 TL Xylit

Für das Gemüse und Fleisch

- 500 g Wasser
- 1 Stange Porree, in Ringen
- 2 rote Paprikaschoten, in Streifen
- 400 g Brokkoli, in Röschen
- 1 EL Rapsöl
- 1 TL Salz
- 2 Prisen Pfeffer
- 500 g Rinderfilet, in dünnen Streifen
- 100 g Bohnensprossen
- Blättchen von 4 Stielen Koriander

4
MINUTEN

BROKKOLI-BLUMENKOHL-CURRY

1 | Zwiebel in den [Mixtopf] geben, **5 Sek. | Stufe 5** zerkleinern und mit dem [Spatel] nach unten schieben. Öl und Currypaste dazugeben und Zwiebel darin **2 Min. | Varoma® | Stufe 1** dünsten. Wasser, Kokosmilch und Gewürzpaste hinzufügen.

2 | Brokkoli, Blumenkohl und Paprika im Varoma® verteilen und aufsetzen. Den Einlegeboden einsetzen, Hähnchenbrust darauf verteilen und mit Salz und ½ TL Pfeffer würzen. Den Varoma® mit dem Deckel verschließen und alles **20 Min. | Varoma® | Stufe 1** garen.

3 | Varoma® abnehmen und beiseitestellen. Gemüse und Fleisch in eine Servierschale geben, mit Soße übergießen, mithilfe des [Spatel] vermengen. Mit Koriander und Pfeffer garnieren.

>**BLUMENKOHL** Ein absolutes Must-have der Low-Carb-Küche. In 100 g stecken nur 0,7 g Kohlenhydrate. Ob fein geraspelt, roh oder gedünstet: Blumenkohl eignet sich als kohlenhydratarmer Ersatz für Reis oder Couscous, aber auch als Pizzaboden oder Veggie-Schnitzel.

LOW CARB LOW FAT

PRO PORTION: 445 KCAL | 32 G E | 28 G F | 17 G KH

30 Min.

Zutaten für 4 Personen

- 1 Zwiebel, halbiert
- 20 g Olivenöl
- 2 TL Currypaste
- 300 g Wasser
- 400 g Kokosmilch (Dose)
- 2 TL Gemüse-Gewürzpaste
- 400 g Brokkoli, in Röschen
- 400 g Blumenkohl, in Röschen
- 1 rote Paprikaschote, in Streifen
- 400 g Hähnchenbrustfilet, in Würfeln
- 1 TL Salz
- Pfeffer
- Koriander zum Garnieren

VITAMINBOOST

Durch das schonende Dampfgaren im Varoma® bleiben Aromen, Vitamine und Mineralstoffe erhalten. Die Nährstoffe werden nicht einfach ausgewaschen und landen mit dem Kochwasser im Abfluss. Stattdessen genießt ihr knackiges, gesundes Gemüse, das die volle Power enthält.

8
MINUTEN

LOW-CARB-ROLLE 2.0

1 | Den Backofen auf 180 °C Ober-/Unterhitze vorheizen und zwei Bleche mit Backpapier auslegen.

2 | Für den Teig den Emmentaler in den geben und **10 Sek. | Stufe 8** zerkleinern. Quark, Eier, ½ TL Salz sowie 2 Prisen Pfeffer dazugeben und alles **20 Sek. | Stufe 4** vermengen. Den Teig auf den Backblechen verstreichen und 20 Min. im vorgeheizten Ofen backen. Den spülen.

3 | In der Zwischenzeit für den Belag den Salat in den geben, **5 Sek. | Stufe 4** zerkleinern und umfüllen. Fürs Dressing Knoblauch und Parmesan in den geben, **5 Sek. | Stufe 8** zerkleinern. Mit dem nach unten schieben. Senf, Sonnenblumenöl und Ei hinzufügen und alles **1 Min. 30 Sek. | Stufe 4** verrühren. Schmand, Milch, Zitronensaft, je 2 Prisen Salz und Pfeffer dazugeben und das Dressing **20 Sek. | Stufe 3** verrühren.

4 | Öl in einer großen Pfanne erhitzen und das Hähnchenfleisch darin von allen Seiten scharf anbraten. Mit Salz und Paprikapulver würzen. Herausnehmen, kurz abkühlen lassen und in Stücke zupfen.

5 | Die Teigböden mit dem Dressing bestreichen. Mit Salat, Parmesan und dem gebratenen Fleisch belegen und mithilfe des Backpapiers von der langen Seite her einrollen, dabei das Backpapier lösen. Die Rolle in Stücke schneiden und servieren.

PRO PORTION: 752 KCAL | 45 G E | 62 G F | 5 G KH

25 Min.

Zutaten für 4 Personen

Für den Teig

* 100 g Emmentaler, in Stücken
* 300 g Magerquark
* 3 Eier
* Salz
* Pfeffer

Für den Belag

* 80 g Eisbergsalat, in Stücken
* 50 g Parmesan, gehobelt
* 1 EL Olivenöl
* 300 g Hähnchenbrustfilet
* 1 TL edelsüßes Paprikapulver

Für das Dressing

* 2 Knoblauchzehen
* 20 g Parmesan
* 1 TL mittelscharfer Senf
* 125 g Sonnenblumenöl
* 1 Ei
* 20 g Schmand
* 40 g Milch
* Saft von ½ Zitrone

5
MINUTEN

GREEN-GODDESS-SALAT

1 | Für das Dressing den aufgetauten Blattspinat kräftig ausdrücken und in den Mixtopf geben. Schalotte, Knoblauch und Basilikum dazugeben und alles **5 Sek. | Stufe 8** zerkleinern.

2 | Walnüsse, Limettensaft, Olivenöl, Hefeflocken, Kräuteressig und Salz dazugeben, alles **15 Sek. | Stufe 8** pürieren und umfüllen.

3 | Für den Salat zunächst die Hälfte des Weißkohls in den Mixtopf geben und **5 Sek. | Stufe 4,5** zerkleinern. Restlichen Weißkohl, Gurke und Frühlingszwiebeln dazugeben und mithilfe des Spatels **5 Sek. | Stufe 4,5** zerkleinern. Nach Belieben erneut **1–2 Sek. | Stufe 4,5** zerkleinern.

4 | Dressing zum Salat geben und mithilfe des Spatels alles vermengen. Den Green-Goddess-Salat in Schalen anrichten und mit Schnittlauchhalmen sowie Basilikumblättchen garniert servieren.

> TIPP Wenn ihr keine Hefeflocken bekommt, könnt ihr diese durch 40 g Sojasoße ersetzen oder aber Parmesan nehmen.

LOW CARB LOW FAT

PRO PORTION: 539 KCAL | 15 G E | 44 G F | 19 G KH

10 Min.

Zutaten für 4 Personen

Für das Dressing

- 250 g Blattspinat (TK), aufgetaut
- 1 Schalotte, geviertelt
- 1 Knoblauchzehe
- 30 g Basilikumblättchen zzgl. einige Blättchen zum Garnieren
- 100 g Walnüsse
- 50 g Limettensaft
- 100 g Olivenöl
- 50 g Hefeflocken
- 50 g Kräuteressig
- 1 TL Salz

Für den Salat

- 800 g Weißkohl, in Stücken
- 1 Salatgurke, in Stücken
- 150 g Frühlingszwiebeln, in Stücken
- Schnittlauchhalme zum Garnieren

WALNUSS-POWER

Walnüsse haben relativ wenig Kohlenhydrate, dafür jede Menge Eiweiß, das Heißhungerattacken vorbeugt! Von allen Nüssen enthalten sie zudem die größte Menge an Omega-3-Fettsäuren – Nervennahrung pur!

10
MINUTEN

SPITZKOHL-HACK-PFANNE

1 | Zwiebel und Knoblauch in den geben, alles **5 Sek. | Stufe 5** zerkleinern und mit dem nach unten schieben. Öl dazugeben und alles ohne Messbecher **3 Min. | 120 °C | Stufe 1** dünsten.

2 | Hackfleisch in den geben und ohne Messbecher **5 Min. | 120 °C | | Stufe 0,5** mitdünsten. Den Spitzkohl, Wasser, Gewürzpaste sowie die Gewürze hinzufügen und alles ohne Messbecher **15 Min. | 100 °C | | Stufe 2** garen.

3 | Die Spitzkohl-Hack-Pfanne auf Tellern anrichten, mit Joghurt sowie Petersilie garnieren und servieren.

LOW CARB LOW FAT

PRO PORTION: 399 KCAL | 31 G E | 26 G F | 12 G KH

30 Min.

Zutaten für 4 Personen

- 1 Zwiebel, halbiert
- 1 Knoblauchzehe
- 30 g Olivenöl
- 500 g Rinderhackfleisch
- 800 g Spitzkohl, in Stücken
- 300 g Wasser
- 1 TL Gemüse-Gewürzpaste
- 1 TL Salz
- 2 Prisen Pfeffer
- 2 TL edelsüßes Paprikapulver
- 2 TL rosenscharfes Paprikapulver
- 80 g Joghurt
- Petersilie zum Garnieren

PLATZSPAREND KALT STELLEN

Ihr könnt das Gericht auch abends vorbereiten, im kalt stellen und darin direkt am nächsten Tag erwärmen, so spart ihr noch etwas mehr Zeit. Setzt den Deckel samt Messbecher auf und stellt ihn in den Kühlschrank. Im Regalfach könnt ihr Platz sparen, indem ihr den Messbecher des TM6 von unten in den Deckel steckt – so clever!

6
MINUTEN

PAPRIKA AUS DEM VAROMA® MIT TOMATE-MOZZARELLA-HACKFÜLLUNG

1 | Mozzarella im **3 Sek. | Stufe 4,5** zerkleinern, umfüllen. Blumenkohl und ½ TL Salz im **4 Sek. | Stufe 5** zerkleinern. Blumenkohl auf dem Einlegeboden verteilen und zur Seite stellen.

2 | Zwiebeln und Knoblauch im **5 Sek. | Stufe 5** zerkleinern, die Hälfte umfüllen. Hack, Paprikapulver, ¼ TL Oregano, Senf, ½ TL Salz, ¼ TL Pfeffer, Eigelb, 1 EL stückige Tomaten und die Hälfte des zerkleinerten Mozzarellas in den zum Zwiebel-Mix geben. Alles **6 Sek. | Stufe 4** mischen.

3 | Paprika längs halbieren, Kerngehäuse herauslösen, die 4 Hälften mit Hackmasse füllen. Die Schoten in den Varoma® setzen, den restlichen Mozzarella daraufgeben. Den Einlegeboden mit Blumenkohl einsetzen und mit Deckel verschließen.

4 | Wasser, restliche stückige Tomaten, den übrigen Zwiebel-Mix, ¼ TL Oregano, ¼ TL Thymian, Gewürzpaste, je ¼ TL Salz und Pfeffer in den füllen. Varoma® aufsetzen, alles **30 Min. | Varoma® | Stufe 1** garen. Den Varoma® zur Seite stellen.

5 | Mehl und Sahne in den geben. Soße **10 Sek. | Stufe 6–9** aufsteigend pürieren, dann **2 Min. | 100 °C | Stufe 1** aufkochen. Gefüllte Paprikaschoten mit Blumenkohlreis und Soße servieren.

> **VEGGIE** Statt Hackfleisch könnt ihr auch Pilz-Hack verwenden. Dafür 500 g Champignons in Stücken in den geben und **3 Sek. | Stufe 5** mithilfe des zerkleinern. 30 g Öl in einer Pfanne erhitzen und die Pilze darin 5 Min. anbraten. 25 g Sojasoße, 2 TL edelsüßes Paprikapulver, je 1 TL Salz und Pfeffer hinzufügen, 5 Min. weiterbraten.

LOW CARB · LOW FAT

PRO PORTION: 545 KCAL | 31 G E | 35 G F | 25 G KH

40 Min.

Zutaten für 2 Personen

- 80 g Mozzarella, in Stücken
- 300 g Blumenkohl, in Röschen
- Salz
- 2 Zwiebeln, halbiert
- 2 Knoblauchzehen
- 200 g gemischtes Hackfleisch
- ¼ TL edelsüßes Paprikapulver
- ½ TL getrockneter Oregano
- 1 TL mittelscharfer Senf
- Pfeffer
- 1 Eigelb
- 400 g stückige Tomaten (Dose)
- je 1 gelbe und rote Paprikaschote
- 300 g Wasser
- ¼ TL getrockneter Thymian
- 1 TL Gemüse-Gewürzpaste
- 1 EL Weizenmehl Type 405
- 40 g Sahne

7
MINUTEN

GUT VORBEREITET

Mit diesen smarten Tricks und eurem Thermomix® könnt ihr reichlich Zeit sparen, um auch unter der Woche lecker zu kochen

Clever mixen

Smart vorkochen

Oft ist eine Etage im Thermomix® frei. Prüft, bevor ihr kocht, wie lang die Garzeit ist, und nutzt sie, um schon ein paar Zutaten für die nächsten Tage mitzukochen. Bereitet ihr nur Fisch oder Fleisch im Varoma® zu, ist der Garkorb frei für Eier oder Gemüse, die ihr am nächsten Tag als Beilagen reichen könnt. Ist der im Einsatz, gart anderes Gemüse im Varoma® mit. Das spart Energie und somit letzten Endes auch Geld. Am nächsten Tag habt ihr zudem viel weniger zu tun!

AUF VORRAT

Bereitet ihr Gerichte oder einzelne Komponenten vor, habt ihr jeden Tag etwas auf Vorrat, das euch sofort guttut, ohne kochen zu müssen. Verwendet dabei Vorratsbehälter, die sich gut stapeln lassen und die ofen- und mikrowellenfest sind. So könnt ihr die Mahlzeiten gleich erwärmen, ohne sie umfüllen zu müssen.

SMOOTHIE PACKS

Bereitet Tiefkühl-Smoothie-Packs vor, indem ihr Obst und Gemüse in Gefrierbeuteln portioniert. Wenn ihr Lust auf einen Smoothie habt, nehmt einen Beutel aus dem Tiefkühler. Jetzt noch Flüssigkeit hinzufügen und **1 Min. | Stufe 10** mixen.

KEINE LUST, LANGE ZU KOCHEN?

Wenn ihr Gemüsereste im Kühlschrank habt, könnt ihr sie im Thermomix® in Sekunden zu einem Rohkostsalat verarbeiten. Dafür in Stücke geschnittenes Gemüse bis zur 1-l-Markierung in den geben und **5 Sek. | Stufe 4** mithilfe des zerkleinern. Für ein schnelles Dressing genügen Olivenöl, Essig oder Joghurt mit Salz und Pfeffer.

Vitaminpower

TOP 5
Meal-Prep-Zutaten

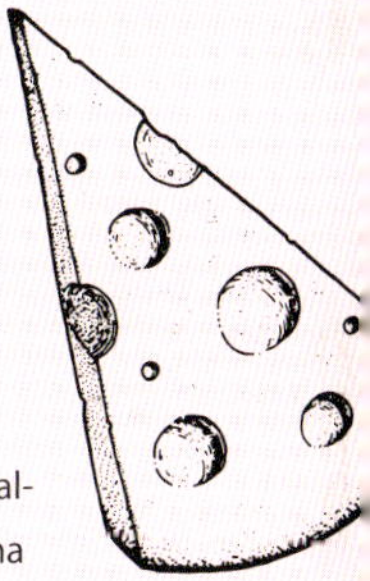

1. KÄSE

Hartkäse, Parmesan oder Mozzarella sind perfekt als proteinreiche Ergänzung vieler Mahlzeiten, zum Beispiel als Topping.

2. EIER

Ob gekocht oder als Omelett: Eier sättigen lang anhaltend und beugen Heißhunger vor. Ihr könnt sie prima vorkochen und mehrere Tage im Kühlschrank lagern. Auch Omelett könnt ihr noch kalt zum Beispiel auf Low-Carb-Brot genießen.

3. FLEISCH, FISCH, GEFLÜGEL

Vorgegartes Fleisch aus dem Varoma® wie Hähnchenbrust oder Rindfleisch, geräucherter Fisch oder TK-Garnelen eignen sich toll fürs Meal Prepping.

4. OBST UND GEMÜSE

Wascht Obst und Gemüse direkt nach dem Einkauf und portioniert es sofort. Auch tiefgekühltes Gemüse ist eine gesunde Alternative!

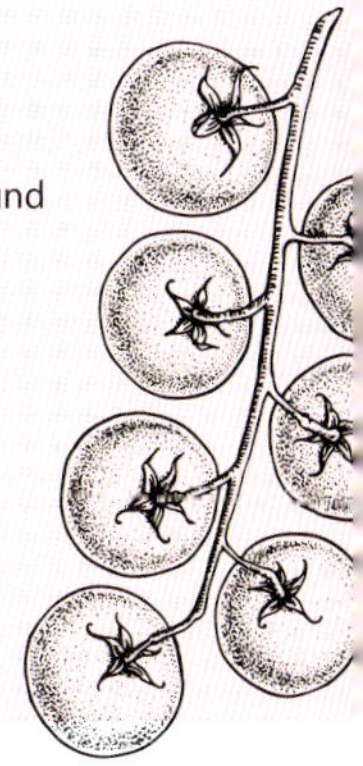

5. PSEUDOGETREIDE

Aus Samen, Saaten oder beispielsweise Quinoaflocken zaubert ihr mit Obst oder Gemüse ruckzuck eine vollwertige Mahlzeit.

thermomix
VORWERK
00:00

°C
0

OFENHITS

Verwöhnt euch mit diesem Comfort Food und lasst die Seele baumeln. Denn in maximal 25 Minuten sind diese Gerichte im Ofen.

ZUCCHINI-LASAGNE

1 | Kräuter **4 Sek. | Stufe 7** zerkleinern und umfüllen. Das Rindfleisch in den Mixtopf geben und **15 Sek. | Stufe 6** zerkleinern. Mit dem Spatel nach unten schieben und den Vorgang wiederholen. Öl, ½ TL Salz sowie ¼ TL Pfeffer dazugeben und das Hackfleisch ohne Messbecher **8 Min. | 120 °C | Linkslauf | Stufe 1** dünsten.

2 | Backofen auf 180 °C Ober-/Unterhitze vorheizen. Die Tomaten mit ½ TL Salz, ¼ TL Pfeffer und den Kräutern würzen. Die Hälfte der Zucchini in der Auflaufform verteilen, darauf die Hälfte von Hackfleisch, Tomatensoße und Ricotta geben, anschließend mit den übrigen Zutaten so weiterschichten. Die Lasagne ca. 30 Min. backen. Aus dem Ofen nehmen und mit Kräutern garniert servieren.

>**ZUCCHINI** Der Trick ist, statt klassischer Lasagneplatten Zucchini zu verwenden – leere Kohlenhydrate ade! Wichtig dabei ist, dass ihr als Backofeneinstellung Umluft anstelle der gewöhnlichen Ober-/Unterhitze wählt, so kann die überschüssige Flüssigkeit in der Low-Carb-Lasagne, die nicht wie bei einer gewöhnlichen Lasagne durch Nudelplatten aufgesaugt werden kann, besser verdunsten.

LOW CARB | LOW FAT

PRO PORTION: 404 KCAL | 34 G E | 26 G F | 10 G KH

50 Min.
Zutaten für 4 Personen

- 20 g gemischte Kräuter (z. B. Basilikum, Thymian, Rosmarin) zzgl. einige Kräuter zum Garnieren
- 500 g Rindfleisch, in Stücken, angefroren
- 2 EL Olivenöl
- 1 TL Salz
- ½ TL Pfeffer
- 400 g stückige Tomaten (Dose)
- 500 g Zucchini, längs in Scheiben
- 250 g Ricotta

Außerdem

- Auflaufform (30 × 25 cm)

KRÄUTER VORBEREITEN

Um Kräuterblättchen schneller von ihren Stielen zu befreien, zieht sie durch den Spritzschutz des TM6 oder durch den Boden des Garkorbs von TM5® oder TM31!

12
MINUTEN

HACKBÄLLCHEN TOSKANA

1 | Den Backofen auf 200 °C Ober-/Unterhitze vorheizen. Zwiebel mit der Knoblauchzehe in den geben und **8 Sek. | Stufe 6** zerkleinern. Mit dem nach unten schieben und das Öl zugeben. Alles **2 Min. | 100 °C | Stufe 2** andünsten.

2 | Tomatenmark, Tomaten, Sahne, ½ TL Salz, 2 Prisen Pfeffer, Gemüse-Gewürzpaste, ½ TL Paprikapulver, Oregano sowie Zucker hinzufügen und **8 Min. | 100 °C | Stufe 2** köcheln lassen. Dann die Stärke zugeben und **2 Min. | 100 °C | Stufe 4** aufkochen lassen.

3 | Währenddessen das Hackfleisch in einer Schüssel mit 1 TL Salz, 3 Prisen Pfeffer und ½ TL Paprikapulver würzen. Daraus etwa 16 kleine Bällchen formen und diese in eine Auflaufform legen.

4 | Die Tomatensoße über die Hackbällchen geben. Mozzarella auf den Hackbällchen verteilen und im vorgeheizten Backofen etwa 20 Min. backen.

5 | Die Hackbällchen herausnehmen und mit Basilikum und Petersilie bestreut servieren.

>**FAMILIENTIPP** Ihr könnt die Hackbällchen für eure Liebsten mit Nudeln oder Reis servieren.

LOW CARB LOW FAT

PRO PORTION: 619 KCAL | 37 G E | 48 G F | 11 G KH

40 Min.

Zutaten für 4 Personen

- 1 Zwiebel, halbiert
- 1 Knoblauchzehe
- 2 EL Olivenöl
- 2 EL Tomatenmark
- 400 g stückige Tomaten (Dose)
- 100 g Sahne
- Salz
- Pfeffer
- 1 TL Gemüse-Gewürzpaste
- 1 TL rosenscharfes Paprikapulver
- 1 TL getrockneter Oregano
- 1 TL Zucker
- 1 EL Stärke
- 500 g gemischtes Hackfleisch
- 250 g Mozzarella, in Scheiben
- Blättchen von 3 Stielen Basilikum
- Blättchen von 3 Stielen Petersilie

8
MINUTEN

ZUCCHINI-CANNELLONI

1 | Die Enden der Zucchini abschneiden und das Gemüse längs in etwa 3 mm dünne Streifen schneiden. Mit etwas Salz bestreuen und nach einigen Minuten mit Küchenpapier abtupfen.

2 | Gouda in den geben, **10 Sek. | Stufe 8** zerkleinern, umfüllen und beiseitestellen.

3 | Zwiebel und Knoblauch in den geben und **5 Sek. | Stufe 5** zerkleinern. Mit dem nach unten schieben. 2 EL Olivenöl hinzufügen und Zwiebel-Mix **2 Min. | Varoma® | Stufe 1** darin andünsten.

4 | Stückige Tomaten, Tomatenmark, Kräuter sowie Pfeffer dazugeben, die Soße **30 Sek. | Stufe 3,5** verrühren. Die Tomatensoße in die Auflaufform geben. Den spülen.

5 | Den Backofen auf 200 °C Ober-/Unterhitze vorheizen. Blattspinat in den geben, **3 Sek. | Stufe 7** zerkleinern und umfüllen. Den Parmesan in den geben und **10 Sek. | Stufe 10** zerkleinern. Ricotta und Ei hinzufügen und alles **20 Sek. | Stufe 4** verrühren. Den zerkleinerten Spinat mit dem unterheben.

6 | Je 1 EL der Füllung auf eine Zucchinischeibe geben und diese einrollen. Die Zucchiniröllchen in die Auflaufform setzen und mit Olivenöl bestreichen. Den zerkleinerten Gouda über den Auflauf streuen. Die Zucchini-Cannelloni 20 Min. im vorgeheizten Ofen backen. Anschließend auf Tellern anrichten und servieren.

LOW CARB LOW FAT

PRO PORTION: 310 KCAL | 19 G E | 22 G F | 10 G KH

35 Min.

Zutaten für 4 Personen

- 2 Zucchini
- Salz
- 50 g Gouda
- 1 Zwiebel, halbiert
- 1 Knoblauchzehe
- 3 EL Olivenöl
- 400 g stückige Tomaten (Dose)
- 1 EL Tomatenmark
- 2 EL getrocknete italienische Kräuter
- 2 Prisen Pfeffer
- 100 g Blattspinat
- 50 g Parmesan, in Stücken
- 250 g Ricotta
- 1 Ei

Außerdem

- Auflaufform (ca. 30 × 20 cm)

11
MINUTEN

GRÜNKOHLAUFLAUF MIT HACKFLEISCH UND FETA

1 | Zwiebeln und Knoblauch im ◻ **5 Sek. | Stufe 5** zerkleinern und umfüllen. Grünkohl nacheinander in zwei Portionen in den ◻ geben, **3–4 Sek. | Stufe 4** zerkleinern und in den Varoma® umfüllen.

2 | Wasser und Gewürzpaste in den ◻ geben. Den Varoma® geschlossen auf den ◻ aufsetzen und den Kohl **15 Min. | Varoma® | Stufe 1** dämpfen.

3 | Inzwischen das Öl in einer beschichteten Pfanne erhitzen und das Hackfleisch mit der Zwiebelmischung darin krümelig anbraten. Mit Worcestersoße, Sambal Oelek, 1 TL Salz und ½ TL Pfeffer würzen und beiseitestellen.

4 | Den Varoma® absetzen und den ◻ leeren. Den Grünkohl und das Hackfleisch abwechselnd in die Auflaufform schichten und die Tomaten darauf verteilen. Den Backofen auf 200 °C Ober-/Unterhitze vorheizen.

5 | Milch, Crème légère, Eier, je 1 Prise Salz und Pfeffer sowie Muskat in den ◻ geben und **20 Sek. | Stufe 4** vermengen. Die Soße über die Zutaten in der Auflaufform gießen, den Feta darauf verteilen. Alles im heißen Ofen ca. 30 Min. überbacken.

6 | Den Grünkohlauflauf aus dem Backofen nehmen, auf Tellern anrichten und servieren.

LOW CARB LOW FAT

PRO PORTION: 608 KCAL | 45 G E | 40 G F | 20 G KH

1 Std.

Zutaten für 4 Personen

- 2 Zwiebeln, halbiert
- 2 Knoblauchzehen
- 800 g Grünkohl, in Streifen
- 500 g Wasser
- 1 TL Gemüse-Gewürzpaste
- 1 EL Öl
- 500 g Rinderhackfleisch
- 1 EL Worcestersoße
- 1 TL Sambal Oelek
- Salz
- Pfeffer
- 250 g Kirschtomaten, halbiert
- 200 g Milch
- 75 g Crème légère
- 2 Eier
- 3 Prisen Muskat
- 200 g Feta, in Würfeln

Außerdem

- Auflaufform (ca. 30 × 25 cm)

15
MINUTEN

FLAMMKUCHEN

1 | Den Backofen auf 160 °C Umluft vorheizen und zwei Backbleche mit Backpapier belegen. Parmesan in den Mixtopf geben, **10 Sek. | Stufe 10** zerkleinern und umfüllen. Gouda in den Mixtopf geben, und **10 Sek. | Stufe 8** zerkleinern. Etwa 6 EL Gouda für den Belag umfüllen und beiseitestellen.

2 | Die restlichen Zutaten für den Teig und 2 Prisen Pfeffer in den Mixtopf geben und **40 Sek. | Stufe 4** verrühren. Teig als 6 Fladen auf die Bleche streichen. Die Fladen 10–15 Min. backen.

3 | Für den Belag Crème fraîche mit Salz und 2 Prisen Pfeffer abschmecken und auf die Fladen streichen.

4 | Speckwürfel, weißen Teil der Frühlingszwiebeln, Parmesan und Rest Gouda auf die Fladen streuen und diese weitere 15 Min. backen. Fladen herausnehmen, mit restlichen Frühlingszwiebeln bestreuen und servieren.

>**TIPP** Die Vorteile unseres Flammkuchen-Quarkteigs sind, dass er sofort verarbeitet werden kann und durch den Käse schon sehr würzig ist, selbst ohne Belag. Alternativ zu Speck und Frühlingszwiebeln könnt ihr die Flammkuchen auch mit roten Zwiebelringen und Mais oder Pilzen belegen.

LOW CARB LOW FAT

PRO PORTION: 622 KCAL | 47 G E | 45 G F | 7 G KH

40 Min.

Zutaten für 6 Personen

Für den Belag

- 100 g Parmesan, in Stücken
- 200 g Crème fraîche
- ½ TL Salz
- 150 g Speckwürfel
- 4 Frühlingszwiebeln, in Ringen

Für den Teig

- 400 g Gouda, in Stücken
- 500 g Magerquark
- 8 Eier
- 3 TL getrockneter Oregano
- Pfeffer

10
MINUTEN

SPINAT-SPECK-QUICHE

PRO STÜCK: 342 KCAL | 16 G E | 28 G F | 6 G KH

1 Std. 10 Min. zzgl. 1 Std. Ruhezeit

Zutaten für 12 Stücke

- 100 g Bergkäse, in Stücken
- 250 g Mandeln
- 20 g kalte Butter zzgl. etwas zum Fetten
- 30 g Olivenöl
- Salz
- 4 Eier
- 75 g Sahne
- 150 g Crème fraîche
- 2 Prisen Pfeffer
- 1 Prise frisch geriebene Muskatnuss
- 1 Knoblauchzehe
- 2 Schalotten
- 150 g Speckwürfel
- 600 g Spinat (TK), aufgetaut und abgetropft
- 150 g Feta, zerbröckelt

Außerdem

- Springform (Ø 24 cm)
- getrocknete Hülsenfrüchte zum Blindbacken

1 | Bergkäse in den geben, **10 Sek. | Stufe 5** zerkleinern, umfüllen. Mandeln im **10 Sek. | Stufe 10** mahlen. Butter, 10 g Öl, ½ TL Salz und 1 Ei hinzufügen, Teig **1 Min. |** kneten. In Folie wickeln, 1 Std. kühlen. spülen. Übrige Eier, Sahne, Bergkäse, Crème fraîche, 1 TL Salz, Pfeffer, Muskat im **20 Sek. | Stufe 4** vermengen, umfüllen.

2 | Ofen auf 200 °C Ober-/Unterhitze vorheizen. Die Springform fetten. Den Teig hineingeben, etwas flach drücken und am Rand hochziehen. Den Teigboden mehrfach mit einer Gabel einstechen, mit Backpapier belegen und mit getrockneten Hülsenfrüchten beschweren, 10 Min. backen.

3 | Den reinigen und trocknen. Knoblauch sowie Schalotten hineingeben und **4 Sek. | Stufe 6** zerkleinern. Mit dem nach unten schieben. 20 g Öl und Speck hinzufügen, alles **4 Min. | 120 °C | Stufe 2** ohne Messbecher dünsten.

4 | Quicheboden aus dem Ofen nehmen, Ofen nicht ausschalten. Hülsenfrüchte und Papier entfernen. Eimasse auf den Boden geben, Spinat, Speck mit Schalotten und Knoblauch darauf verteilen. Die Quiche mit Feta bestreuen, 25–30 Min. backen.

BLITZSCHNELL TROCKEN

Damit in Schritt 3 die Schalotten nicht am Mixtopfrand haften bleiben, solltet ihr den nach dem Spülen trocknen. Dafür ein Geschirrtuch in den geben und **5 Sek. | | Stufe 3** bewegen lassen. So trocknet sich der Thermomix® ganz bequem von selbst.

25
MINUTEN

PIZZA MIT KÄSEBODEN

1 | Den Backofen auf 180 °C Umluft vorheizen. Das Pizzablech mit Backpapier auslegen. Den Gouda in den geben, **5 Sek. | Stufe 5** reiben und umfüllen.

2 | Eier und Frischkäse in den geben und **20 Sek. | Stufe 4** verrühren. Gouda, ½ TL Salz und 2 Prisen Pfeffer dazugeben und **10 Sek. | Stufe 3,5** verrühren. Auf das Pizzablech geben und im heißen Ofen ca. 30 Min. backen.

3 | Den Pizzaboden aus dem Ofen nehmen, Tomatensoße daraufstreichen und mit etwas Salz und Pfeffer würzen. Die Pizza mit Babyspinat, Mais, Tomaten belegen und mit Mozzarella bestreuen. Im heißen Ofen 10 Min. backen, dann servieren.

LOW CARB LOW FAT

PRO PORTION: 931 KCAL | 54 G E | 76 G F | 8 G KH

1 Std. 5 Min.

Zutaten für 2 Personen

- 200 g Gouda, in Stücken
- 4 Eier
- 150 g Frischkäse
- Salz
- Pfeffer
- 5 EL Tomatensoße
- 20 g Babyspinat
- 2 EL Mais (Dose), abgetropft
- 4 Cocktailtomaten, halbiert
- 100 g geriebener Mozzarella

Außerdem

- Pizzablech, alternativ Springform (Ø ca. 30 cm)

PROTEINE

Manchmal muss es einfach etwas Deftiges sein. Unsere Pizza ist genau das Richtige für euch! Die Teigbasis sind Gouda, Eier und Frischkäse. Sie sorgen für jede Menge gutes Eiweiß.

25
MINUTEN

TURBOTRICKS

Wie ihr mit dem Thermomix® noch mehr Zeit spart, um euch auch im Alltag ohne Stress ausgewogen zu ernähren, erfahrt ihr hier

Easy zubereitet

Reste kreativ verarbeiten

Wenn ihr zu viel gekocht habt, könnt ihr Reste am nächsten Tag mit wenigen Handgriffen zu neuen Gerichten verarbeiten. Aus Gemüse ist so schnell eine Suppe gezaubert, und auch für Dips eignen sich super Gemüsereste. Alternativ könnt ihr sie einfrieren und bei Gelegenheit weiterverarbeiten. **EXTRATIPP:** Oft lässt sich Übriggebliebenes, z. B. Fleisch und Gemüse, zu einem leckeren Auflauf zusammenfügen. Eventuell noch etwas frisches Gemüse dazu, Käse drüberstreuen, und schon habt ihr eine neue Low-Carb-Mahlzeit.

Tut richtig gut

Tiefkühlgemüse

Tiefgekühltes Obst und Gemüse enthält besonders viele Nährstoffe, da es direkt nach der Ernte schockgefrostet wurde. Noch dazu spart es Zeit bei der Zubereitung, da das aufwendige Putzen und Kleinschneiden wegfällt.

Gebt das Gemüse lose auf den Einlegeboden. Beachtet dabei, dass ihr zusammengefrorene Stücke voneinander trennt. Dafür den Beutel oder die Schachtel am besten vor dem Öffnen etwas kneten bzw. schütteln. Den Einlegeboden in den Varoma® setzen, mit dem Deckel verschließen. 500 g Wasser in den geben, den Varoma® aufsetzen und das Gemüse **20 Min. | Varoma® | Stufe 2** erwärmen.

ONE-POT-WUNDER

Nutzt den Thermomix®, um komplette Low-Carb-Mahlzeiten in einem Topf zuzubereiten. Smoothies, Blitzsalate, köstliche Suppen, Desserts und vieles mehr – allein mit dem könnt ihr mühelos Low-Carb-Gerichte kochen. Und das Beste: Der Thermomix® übernimmt für euch die meiste Arbeit, und auch der Abwasch ist ratzfatz erledigt. So passt Low Carb in jeden Alltag!

VORRATSSCHRANK

Es ist eine gute Idee, Low-Carb-Basics (siehe Seite 11) immer zu Hause zu haben. Viele Lebensmittel könnt ihr prima auf Vorrat kaufen, und das hat gleich zwei Vorteile:

1. Bei Heißhunger braucht ihr nicht auf Ungesundes zurückzugreifen.
2. Ihr kauft nicht so oft ein und verhindert dadurch, Lebensmittel mitzunehmen, die sich nicht für eure Low-Carb-Ernährung eignen. Und: Ihr spart Zeit.

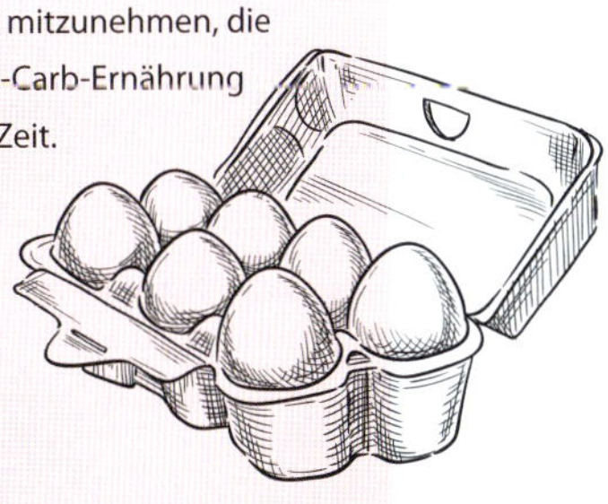

Schnell gekocht

Wenn es schnell gehen soll, verwendet am besten mageres Fleisch, das ihr in kleine Stücke oder dünne Streifen schneidet. Hackfleisch, Würstchen und flache Putzenschnitzel gehen ebenfalls flott. **Absoluter Geheimtrick:** Vorgekochte Wurstwaren wie Schinken, Kabanossi oder Chorizo verwenden.

VORWERK

ZUM FEIERABEND

Legt die Beine hoch und genießt den Abend, Abnehmen war noch nie so einfach! Mit diesen raffinierten Rezepten spart ihr Zeit und tut euch was Gutes!

BLUMENKOHL-KÄSE-PUFFER MIT QUARK

1 | Für die Puffer Backofen auf 200 °C Umluft vorheizen, ein Backblech mit Backpapier belegen. Mandeln im **10 Sek. | Stufe 7** mahlen und umfüllen. Parmesan im **10 Sek. | Stufe 10** zerkleinern. Blumenkohl dazugeben und **4 Sek. | Stufe 5** zerkleinern. Eier, Öl, gemahlene Mandeln, ½ TL Salz sowie ¼ TL Pfeffer hinzufügen und alles **20 Sek. | Stufe 4** vermengen. Mithilfe eines Esslöffels daraus 1 cm dicke Puffer (Ø ca. 10 cm) auf das Blech geben und ca. 20 Min. backen.

2 | spülen und trocknen. Petersilie und Kresse im **5 Sek. | Stufe 7** zerkleinern, mit dem nach unten schieben. Quark, ¼ TL Salz und 3 Prisen Pfeffer dazugeben, **10 Sek. | Stufe 3** vermischen und umfüllen.

3 | Für das Dressing Dill, Joghurt, Öl, Agavendicksaft, Zitronenabrieb und -saft, je ½ TL Salz und Pfeffer in den geben und alle Zutaten **8 Sek. | Stufe 5** verrühren. Dressing mit Gurke, Radieschen und Frühlingszwiebel in eine Salatschüssel geben und alles mithilfe des vermengen. Salat mit Puffern und Quark anrichten.

>ZEITTRICKS Gemüse von Hand zu reiben, ist extrem mühsam und kostet viel Zeit. Im Thermomix® dauert das nur wenige Sekunden! Anschließend werden die Zutaten noch bequem direkt im vermengt, schon ist die Gemüsepuffermasse fertig. Zudem sparen wir uns das Anbraten in der Pfanne und geben die Puffer in den Ofen. Da gewinnen wir noch mal richtig viel Zeit, denn wir können uns derweil um den Salat kümmern. Einfach super!

LOW CARB LOW FAT

PRO PORTION: 551 KCAL | 32 G E | 36 G F | 18 G KH

35 Min.

Zutaten für 4 Personen

Für die Puffer

- 40 g Mandeln
- 260 g Parmesan, in Stücken
- 700 g Blumenkohl, in Röschen
- 2 Eier
- 3 EL Olivenöl
- Salz
- Pfeffer
- 20 g Petersilienblättchen
- Blättchen von 1 Beet Kresse
- 250 g Quark

Für den Salat

- Spitzen von 2 Stielen Dill
- 1 EL Joghurt
- 1 EL Olivenöl
- ½ EL Agavendicksaft
- Abrieb und Saft von ½ unbehandelten Zitrone
- 1 Gurke, in dünnen Scheiben
- ½ Bund Radieschen, in dünnen Scheiben
- 1 Frühlingszwiebel, in Ringen

12
MINUTEN

KAROTTEN-INGWER-SUPPE

1 | Erdnüsse in den geben und **3 Sek. | Stufe 6** zerkleinern. Umfüllen und beiseitestellen.

2 | Zwiebel, Ingwer sowie Karotten in den geben und **8 Sek. | Stufe 6** zerkleinern. Mit dem nach unten schieben. Das Öl hinzufügen und das Gemüse darin **2 Min. | 120 °C | Stufe 1** ohne Messbecher andünsten. Currypulver hinzufügen und alles weitere **3 Min. | 120 °C | Stufe 1** dünsten.

3 | Wasser, Gewürzpaste, Kokosmilch sowie Orangensaft zufügen und alles **20 Min. | 100 °C | Stufe 2** kochen, dabei den Garkorb als Spritzschutz aufsetzen. Salz und Pfeffer zugeben, den Messbecher einsetzen, die Suppe **40 Sek. | Stufe 4–6–8** aufsteigend pürieren.

4 | Die Suppe in Teller schöpfen, mit zerkleinerten Erdnüssen, je 1 EL Schmand sowie Chiliflocken garnieren und servieren.

> **TIPP** Ihr könnt die Suppe nach Belieben auch mit 2 EL Stärke sämiger binden, dafür die Stärke mit etwas Wasser glatt rühren und vor dem Pürieren in den geben. Suppe anschließend weitere **3 Min. | 100 °C | Stufe 2** kochen, dann servieren. Durch die Verwendung von Stärke erhöhen sich die Kohlenhydrate auf 29 g pro Portion, doch es bleibt immer noch eine kohlenhydratarme Hauptmahlzeit. Alternativ könnt ihr zum Binden der Suppe auch Low-Carb-konformes Johannisbrotkern- oder Guarkernmehl verwenden.

LOW CARB LOW FAT

PRO PORTION: 358 KCAL | 7 G E | 27 G F | 24 G KH

40 Min.

Zutaten für 4 Personen

- 75 g geröstete Erdnüsse
- 1 Zwiebel, halbiert
- 2 cm Ingwer
- 700 g Karotten, in Stücken
- 2 EL Rapsöl
- 2 TL Currypulver
- 1000 g Wasser
- 2 TL Gemüse-Gewürzpaste
- 200 g Kokosmilch (Dose)
- 75 g Orangensaft
- ½ TL Salz
- 2 Prisen Pfeffer
- 4 EL Schmand
- Chiliflocken zum Garnieren

14
MINUTEN

SENFEIER MIT BLUMENKOHLSTAMPF

1 | Kerbel in den geben, **3 Sek. | Stufe 8** zerkleinern und umfüllen. Wasser mit 1 TL Salz in den geben, den Garkorb mit den Eiern einhängen und den Blumenkohl im Varoma® verteilen.

2 | Varoma® geschlossen aufsetzen und alles **25 Min. | Varoma® | Stufe 1** garen. Varoma® absetzen, die Eier kalt abschrecken, den spülen.

3 | Den Blumenkohl, 100 g Sahne sowie Butter in den geben und **30 Sek. | Stufe 8** pürieren. Mit Muskat und jeweils 1 Prise Salz und Pfeffer abschmecken. Umfüllen und den spülen.

4 | Crème fraîche, restliche Sahne sowie Senf in den geben und **15 Sek. | Stufe 2** vermischen. Die Soße ohne Messbecher **5 Min. | 100 °C | Stufe 2** aufkochen. Mit Zitronensaft, ½ TL Salz und 1 Prise Pfeffer abschmecken.

5 | Die Eier pellen, halbieren und zusammen mit dem Blumenkohlstampf und der Senfsoße anrichten. Mit Kerbel und Schnittlauch garniert servieren.

PRO PORTION: 596 KCAL | 23 G E | 50 G F | 17 G KH

40 Min.

Zutaten für 4 Personen

- 20 g Kerbelblättchen
- 750 g Wasser
- Salz
- 8 Eier
- 750 g Blumenkohl, in Röschen
- 200 g Sahne
- 1 EL Butter
- 1 Prise Muskat
- Pfeffer
- 250 g Crème fraîche
- 40 g mittelscharfer Senf
- Saft von ½ Zitrone
- 4 EL Schnittlauchröllchen

EIER

Mit nur 90 Kalorien pro Stück sättigen Eier aufgrund ihres hohen Eiweiß- und Fettgehalts lang anhaltend, sodass ihr insgesamt weniger esst. Übrigens: Eier kurbeln die Fettverbrennung an, vor allem in Kombi mit Gemüse!

8
MINUTEN

KÄSE-PORREE-SUPPE MIT HACKBÄLLCHEN

1 | Hackfleisch mit Ei, Tomatenmark, Paniermehl, 3 Prisen Pfeffer, 4 Prisen Salz und Kreuzkümmel in den Mixtopf geben, **2 Min. |** Teigstufe verkneten. Mit angefeuchteten Händen 16 Fleischbällchen formen. Einlegeboden mit Backpapier auslegen, dabei die seitlichen Luftschlitze frei lassen. Hackbällchen auf dem Einlegeboden verteilen und beiseitestellen. Den Mixtopf reinigen.

2 | Petersilie in den Mixtopf geben und **2 Sek. | Turbo** zerkleinern, umfüllen. Gouda und Bergkäse in den Mixtopf geben, **8 Sek. | Stufe 7** zerkleinern, umfüllen. Zwiebel und Knoblauch im Mixtopf **6 Sek. | Stufe 7** zerkleinern und mit dem Spatel nach unten schieben. Das Öl hinzufügen und den Zwiebel-Mix darin **3 Min. | 120 °C | Stufe 1** andünsten.

3 | Porree dazugeben und alles **4 Min. | 120 °C | Linkslauf | Stufe 1** ohne Messbecher dünsten. Dann 650 g Wasser, Frischkäse, zerkleinerten Käse und Petersilie in den Mixtopf geben, mit ½ TL Salz sowie ¼ TL Pfeffer würzen und den Varoma® mit Einlegeboden geschlossen aufsetzen. Alles **25 Min. | Varoma® | Linkslauf | Stufe 1** garen.

4 | Den Varoma® abnehmen und beiseitestellen. Weitere **2 Min. | 120 °C | Linkslauf | Stufe 2** einstellen. Stärke mit übrigem Wasser verrühren, durch die Deckelöffnung dazugeben. Suppe nach Belieben abschmecken, auf Teller verteilen. Hackbällchen einlegen und Suppe mit etwas Petersilie garniert servieren.

LOW CARB LOW FAT

PRO PORTION: 597 KCAL | 39 G E | 40 G F | 21 G KH

50 Min.

Zutaten für 4 Personen

- 350 g Rinderhackfleisch
- 1 Ei
- 1 TL Tomatenmark
- 30 g Paniermehl
- Pfeffer
- Salz
- 2 Prisen gemahlener Kreuzkümmel
- Blättchen von 4 Stielen Petersilie zzgl. etwas zum Garnieren
- 100 g Gouda, in Stücken
- 80 g Bergkäse, in Stücken
- 1 Zwiebel, halbiert
- 1 Knoblauchzehe
- 20 g Rapsöl
- 500 g Porree, in Ringen
- 700 g Wasser
- 100 g Frischkäse
- 1 EL Stärke

LINKSLAUF

Beim Linkslauf läuft das Mixmesser entgegen dem Uhrzeigersinn. Mit seiner stumpfen Rückseite verrührt es dabei die Zutaten, anstatt sie zu zerkleinern. Ihr wählt die Funktion aus, indem ihr beim TM6 auf der Stufentaste das Mixmesser-Symbol drückt, beim TM5® tippt ihr auf das Symbol Linkslauf.

14
MINUTEN

DÖNERTELLER

1 | Petersilie und Knoblauch in den [Mixtopf] geben, **3 Sek. | Stufe 8** zerkleinern. Dann ½ Gurke dazugeben, alles **4 Sek. | Stufe 4,5** zerkleinern und mit dem [Spatel] nach unten schieben. Joghurt, Salz sowie Pfeffer hinzufügen und Dressing **30 Sek. | Stufe 3** verrühren. Umfüllen und kalt stellen. Den [Mixtopf] spülen.

2 | Salat in den [Mixtopf] geben und **4 Sek. | Stufe 4** mithilfe des [Spatel] zerkleinern und umfüllen. Rotkohl in den [Mixtopf] geben und **4 Sek. | Stufe 5** mithilfe des [Spatel] zerkleinern.

3 | Öl in einer großen Pfanne erhitzen und das Fleisch darin von allen Seiten scharf anbraten. Eisbergsalat, Rotkohl, Fleisch, Tomaten, übrige ½ Gurke, Feta und Zwiebelringe auf Tellern anrichten, mit Dressing beträufeln und servieren.

>**ZUSAMMEN ESSEN** Döner essen viele gern mit Fladenbrot. Wenn ihr Besuch habt oder eure Familie sich nicht low-carb ernährt, schneidet ein paar Fladenbrote ein und bestreicht sie mit Zaziki. Die Brote dann mit Salat, Rotkohl, Tomaten, Fleisch, Zwiebel und Feta füllen und servieren.

LOW CARB · LOW FAT

PRO PORTION: 471 KCAL | 40 G E | 30 G F | 10 G KH

25 Min.

Zutaten für 4 Personen

- Blättchen von 8 Stielen Petersilie
- 2 Knoblauchzehen
- 1 Gurke, in Stücken
- 200 g Sahnejoghurt
- ½ TL Salz
- 3 Prisen Pfeffer
- 200 g Eisbergsalat, in Stücken
- 100 g Rotkohl, in Stücken
- 2 EL Olivenöl
- 600 g Kebab-Fleisch, in Streifen
- 200 g Cocktailtomaten, halbiert
- 200 g Feta, zerbröckelt
- 1 Zwiebel, in Ringen

20
MINUTEN

ZOODLES MIT CARBONARA

1 | Parmesan in den geben und **10 Sek. | Stufe 10** zerkleinern, umfüllen und beiseitestellen.

2 | Die Zucchini der Länge nach halbieren, mit einem Sparschäler in breite Gemüsebandnudeln schneiden und im Varoma® verteilen. Die Zucchini mit Salz, Pfeffer und Zitronensaft vermengen.

3 | Wasser und Gewürzpaste in den geben, Zucchini **15 Min. | Varoma® | Stufe 1** garen. Die Zoodles umfüllen. Den leeren, dabei 50 g des Suds auffangen und beiseitestellen.

4 | Die Butter und die Schinkenwürfel in den geben, **3 Min. | 120 °C | Stufe 2** andünsten. Dann in einer kleinen Schüssel 70 g Parmesan mit den Eigelben vermengen. **3 Min. | 80 °C | | Stufe 3** einstellen. Dabei die Eimasse mit dem Sud langsam durch die Deckelöffnung dazugießen.

5 | Zoodles mit der Carbonara verrühren, auf Tellern anrichten und mit dem übrigen Parmesan bestreut servieren.

>**WUNDERWAFFE** Mit nur 19 Kalorien pro 100 Gramm sind Zucchini ein echtes Schlankgemüse – vor allem wenn man daraus Gemüsenudeln (Zoodles) zubereitet. Sie sind ideal für alle, die auf ihre Figur achten oder sich einfach nur gesund ernähren wollen.

PRO PORTION: 305 KCAL | 25 G E | 21 G F | 5 G KH

30 Min.

Zutaten für 4 Personen

- 100 g Parmesan, in Stücken
- 4 Zucchini
- 1 TL Salz
- 1 Prise Pfeffer
- Saft von 1 Zitrone
- 500 g Wasser
- 2 TL Gemüse-Gewürzpaste
- 1 TL Butter
- 200 g Schinkenwürfel
- 4 Eigelb

9
MINUTEN

ZUCCHININUDELN MIT LACHS-SAHNE-SOSSE

1 | Parmesan in den geben und **5 Sek. | Stufe 10** zerkleinern, umfüllen und beiseitestellen.

2 | Zucchini mit dem Spiralschneider zu Zoodles verarbeiten und im Varoma® verteilen. Mit Zitronensaft, Salz und Pfeffer würzen.

3 | Die Lachswürfel und Tomaten auf dem Einlegeboden verteilen. Wasser und die Gemüse-Gewürzpaste in den geben. Den Varoma® mit Einlegeboden aufsetzen und alles **22 Min. | Varoma® | Stufe 2** garen.

4 | Varoma® abnehmen und auf einen Teller stellen. Varoma® mit einem Geschirrtuch abdecken, um das Gemüse und den Fisch darin warm zu halten. Den leeren, 50 g des Suds auffangen.

5 | Zwiebel und Knoblauchzehe in den geben und **5 Sek. | Stufe 5** zerkleinern. Mit dem nach unten schieben. Butter dazugeben, Zwiebel-Mix darin **2 Min. | 120 °C | Stufe 2** andünsten.

6 | Mit dem aufgefangenen Sud ablöschen, die restlichen Zutaten dazugeben und alles **3 Min. | 100 °C | Stufe 2** köcheln lassen. Soße mit Zoodles, Tomaten und dem Lachs in einer großen Schüssel vorsichtig vermengen, das Gericht mit Parmesan bestreut servieren.

LOW CARB LOW FAT

PRO PORTION: 550 KCAL | 35 G E | 40 G F | 10 G KH

35 Min.

Zutaten für 4 Personen

- 30 g Parmesan, in Stücken
- 4 Zucchini
- Saft von 1 Zitrone
- 1 TL Salz
- 1 Prise Pfeffer
- 400 g Lachs, in Würfeln
- 200 g Cocktailtomaten, halbiert
- 500 g Wasser
- 1 TL Gemüse-Gewürzpaste
- 1 Zwiebel, halbiert
- 1 Knoblauchzehe
- 1 EL Butter
- 150 g Sahne
- 150 g Schmelzkäse
- 100 g Ricotta
- 100 g Weißwein

LACHS

Null Gramm Kohlenhydrate, nur 200 Kalorien und satte 20 Gramm Eiweiß pro 100 Gramm: Lachs ist perfekt für alle, die sich low-carb ernähren und auf ihr Gewicht achten wollen. Mit seinem hohen Proteingehalt unterstützt der Fisch unter anderem den Muskelaufbau und einen gut funktionierenden Stoffwechsel.

8

MINUTEN

SELLERIEPÜREE MIT LACHS-GEMÜSE-SPIESSEN

1 | ½ Zwiebel, 1 Knoblauchzehe und Petersilie in den geben, **5 Sek. | Stufe 5** zerkleinern und mit dem nach unten schieben. Chilisoße, Tomatenmark, 2 EL Wasser, 1 EL Olivenöl und 1 TL Salz dazugeben. Die Soße **5 Sek. | Stufe 4** verrühren und umfüllen. spülen.

2 | Den Lachs in mundgerechte Würfel schneiden und mit ¼ der Soße mischen. Paprika, Zucchini und Tomaten mit restlicher Soße vermischen und zusätzlich mit ¼ TL Salz würzen. Lachs und Gemüse abwechselnd auf 12 Spieße stecken und im Varoma® und auf dem Einlegeboden verteilen. Den Einlegeboden einsetzen und mit dem Deckel verschließen.

3 | Restliche Zwiebel und Knoblauchzehen in den geben und **5 Sek. | Stufe 5** zerkleinern. 1 EL Olivenöl sowie Sellerie hinzufügen und Gemüse **4 Min. | Varoma® | Stufe 4** dünsten. Den Sellerie **5 Sek. | Stufe 5** zerkleinern. Milch, 80 g Wasser, Gewürzpaste, 1 TL Salz und Pfeffer dazugeben. Den Varoma® aufsetzen und alles zusammen **15–20 Min. | Varoma® | Stufe 1** garen.

4 | Den Varoma® vorsichtig zur Seite stellen, den Rühraufsatz in den einsetzen und den Sellerie **30 Sek. | Stufe 4** zu Püree verrühren. Selleriepüree mit etwas Olivenöl beträufelt mit den Lachs-Gemüse-Spießen servieren.

>**TIPP** Wer mag, kann noch gehobelten Pecorino über das Püree streuen.

LOW CARB LOW FAT

PRO PORTION: 379 KCAL | 30 G E | 18 G F | 21 G KH

30 Min.

Zutaten für 4 Personen

- 1 Zwiebel, halbiert
- 3 Knoblauchzehen
- Blättchen von 3 Stielen Petersilie
- 40 g Sweet-Chili-Soße
- 1 EL Tomatenmark
- Wasser
- 30 g Olivenöl
- Salz
- 4 Lachsfilets (à 125 g)
- 1 gelbe Paprikaschote, in mundgerechten Stücken
- 1 rote Paprikaschote, in mundgerechten Stücken
- 1 orange Paprikaschote, in mundgerechten Stücken
- 150 g Zucchini, in mundgerechten Stücken
- 150 g Cocktailtomaten
- 800 g Knollensellerie, in Stücken
- 250 g Milch
- 1 TL Gemüse-Gewürzpaste
- 2 Msp. Pfeffer

5
MINUTEN

SCHNELLER KÄSESALAT

1 | Für das Dressing den weißen Teil der Frühlingszwiebeln in Stücken in den geben und **3 Sek. | Stufe 8** zerkleinern. Mit dem nach unten schieben. Den grünen Teil der Frühlingszwiebeln in feine Ringe schneiden und beiseitestellen. Mayonnaise, Gewürzgurken, Gurkenwasser, Kräuter, Salz sowie Pfeffer in den geben und alles **15 Sek. | Stufe 3** vermengen.

2 | Gouda, Paprika und Mais in eine Schüssel geben und mit der Remoulade vermengen. Den Käsesalat mit den grünen Frühlingszwiebelringen garnieren und servieren.

LOW CARB LOW FAT

PRO PORTION: 531 KCAL | 27 G E | 40 G F | 18 G KH

15 Min.

Zutaten für 4 Personen

- 3 Frühlingszwiebeln
- 150 g Light-Mayonnaise
- 40 g Gewürzgurken
  zzgl. 1 EL Gurkenwasser
- 1 TL Gartenkräuter (TK)
- 1 Prise Salz
- 2 Prisen Pfeffer
- 300 g Gouda oder Emmentaler, in Würfeln
- 2 rote Paprikaschoten, in Würfeln
- 285 g Mais (Dose), abgetropft

13
MINUTEN

GRIECHISCHER BAUERNSALAT

1 | Olivenöl in ein separates Gefäß einwiegen und beiseitestellen. Die übrigen Zutaten für das Dressing in den geben und **5 Sek. | Stufe 5** vermengen. Dann **2 Min. | Stufe 3,5** einstellen, dabei das Olivenöl bei eingesetztem Messbecher auf den Deckel gießen und das Dressing so emulgieren.

2 | Für den Salat Zwiebelhälften, Knoblauch und Oregano in den geben und alles **3 Sek. | Stufe 8** zerkleinern. Die Mischung mit Gemüse, Feta, Oliven und Dressing in eine Schüssel geben und vermengen. Mit Zwiebelringen garnieren und servieren.

>TIPP Das Dressing könnt ihr wunderbar auf Vorrat zubereiten, z. B. mit der doppelten oder vierfachen Menge. In eine Flasche umfüllen und bis zur Verwendung kalt stellen. Es hält sich im Kühlschrank rund 2 Wochen.

LOW CARB LOW FAT

PRO PORTION: 204 KCAL | 7 G E | 16 G F | 8 G KH

20 Min.

Zutaten für 6 Personen

Für das Dressing

- 100 g Olivenöl
- 60 g weißer Balsamicoessig
- 1 EL mittelscharfer Senf
- 1 TL Honig
- ¼ TL Salz
- 2 Prisen Pfeffer

Für den Salat

- 2 rote Zwiebeln, davon 1 halbiert und 1 in Ringen
- 1 Knoblauchzehe
- Blättchen von 4 Stielen Oregano
- 500 g Tomaten, geachtelt
- 1 Gurke, geviertelt und in Scheiben
- 1 rote Paprikaschote, in Streifen
- 1 grüne Paprikaschote, in Streifen
- 200 g Feta, in Würfeln
- 100 g Kalamata-Oliven, entsteint

EMULGIEREN

Beim Emulgieren werden Zutaten miteinander vermischt, die sich ohne Hilfsmittel nicht ineinander lösen. Eigelb oder Senf sind solche Hilfsmittel. In dieser Weise lässt sich neben Mayonnaise auch Vinaigrette für Salate emulgieren.

15
MINUTEN

AM WOCHENENDE

Jetzt steht das Verwöhnprogramm an. Nach wenigen Handgriffen übernimmt der Thermomix®, damit ihr ab sofort entspannen könnt.

SCHWEINEFILET IN RAHMSOSSE

1 | Zwiebel und Knoblauch in den Mixtopf geben, **5 Sek. | Stufe 5** zerkleinern und mit dem Spatel nach unten schieben. Öl, Tomatenmark und Senf dazugeben und ohne Messbecher alles **3 Min. | 120 °C | Stufe 1** andünsten.

2 | Pilze dazugeben und **3 Min. | 120 °C | Linkslauf | Stufe 1** mitdünsten. Wasser, Sahne, Frischkäse und Gewürzpaste dazugeben und die Soße ohne Messbecher **8 Min. | 100 °C | Linkslauf | Stufe 1** aufkochen, dabei den Spritzschutz aufsetzen. Stärke mit etwas Wasser glatt rühren und 2 Min. vor Ende der Garzeit durch die Deckelöffnung dazugeben.

3 | Den Backofen auf 180 °C Ober-/Unterhitze vorheizen. Die Filets mit Salz und Pfeffer würzen und in einer Pfanne in etwas Öl scharf anbraten. Mit der Soße in die Auflaufform geben und ca. 25 Min. im heißen Ofen backen. Filets und Soße auf Tellern anrichten, mit Petersilie garnieren und servieren.

>GUT KOCHEN GANZ LEICHT Diese Rahmsoße ist in eurem Thermomix® schnell cremig gerührt. In dieser Zeit gebt ihr die Filets in die Pfanne, um sie scharf anzubraten. Dann in die Auflaufform legen, die Soße angießen und ab in den Ofen. Wer mag, kann das Gericht noch mit Käse gratinieren.

LOW CARB LOW FAT

PRO PORTION: 494 KCAL | 43 G E | 32 G F | 9 G KH

50 Min.

Zutaten für 4 Personen

- 1 Zwiebel, halbiert
- 1 Knoblauchzehe
- 20 g Öl zzgl. etwas zum Braten
- 20 g Tomatenmark
- 1 TL Senf
- 250 g Champignons, in Scheiben
- 150 g Wasser
- 250 g Sahne
- 200 g Kräuterfrischkäse
- 2 TL Gemüse-Gewürzpaste
- 1 TL Stärke
- 4 Schweinefilets (à 150 g)
- ½ TL Salz
- 3 Prisen Pfeffer
- Petersilie zum Garnieren

Außerdem

- Auflaufform (ca. 30 × 20 cm)

11
MINUTEN

PUTENGESCHNETZELTES MIT ERBSEN UND KAROTTEN

1 | Petersilie in den geben, **3 Sek. | Stufe 7** zerkleinern und umfüllen. Die Zwiebeln in den geben, **5 Sek. | Stufe 5** zerkleinern und mit dem nach unten schieben. Das Öl dazugeben und Zwiebeln darin **3 Min. | Varoma® | Stufe 1** dünsten. Wasser, Gewürzpaste, Majoran sowie je 1 Prise Salz und Pfeffer hinzufügen.

2 | Den Varoma® aufsetzen und Putenfleisch sowie Pilze darin verteilen. Mit Salz und Pfeffer würzen. Den Einlegeboden aufsetzen und die Karotten darauf verteilen. Den Varoma® verschließen und die Zutaten **18 Min. | Varoma® | Stufe 2** garen.

3 | Den Deckel abnehmen und die Erbsen zu den Karotten auf den Einlegeboden geben. Deckel wieder auflegen und alles weitere **7 Min. | Varoma® | Stufe 2** garen.

4 | Den Varoma® absetzen. Sahne, Frischkäse, Mehl sowie Muskat in den geben und alles **10 Sek. | Stufe 5** vermengen. Die Putenstücke sowie Champignons in den umfüllen und mit dem untermengen. Alles **5 Min. | 90 °C | |** erhitzen und abschmecken.

5 | Inzwischen die Karotten und Erbsen in einer Schale mit der Butter vermengen und mit Salz und Pfeffer würzen. Das Putengeschnetzelte mit dem Karotten-Erbsen-Gemüse auf Tellern anrichten und mit Petersilie garniert servieren.

LOW CARB LOW FAT

PRO PORTION: 680 KCAL | 61 G E | 38 G F | 19 G KH

45 Min.

Zutaten für 4 Personen

- 20 g Petersilienblättchen
- 2 Zwiebeln, halbiert
- 2 EL Rapsöl
- 500 g Wasser
- 2 TL Gemüse-Gewürzpaste
- 1 TL getrockneter Majoran
- Salz
- Pfeffer
- 800 g Putenbrustfilet, in Stücken
- 500 g Champignons, in Scheiben
- 400 g Karotten, in Scheiben
- 200 g Erbsen (TK)
- 200 g Sahne
- 200 g Frischkäse
- 2 EL Weizenmehl Type 405
- 1 Prise Muskat
- 1 EL Butter

11
MINUTEN

RAHM-GESCHNETZELTES

1 | Wasser mit Gewürzpaste in den Mixtopf geben. Das Fleisch im Varoma® und die Pilze auf dem Einlegeboden verteilen. Beides verschlossen aufsetzen und **25 Min. | Varoma® | Stufe 2** garen. Den Varoma® abnehmen und warm halten. Mixtopf leeren, dabei 200 g Garflüssigkeit auffangen.

2 | Zwiebel und Knoblauch in den Mixtopf geben und **5 Sek. | Stufe 5** zerkleinern. Mit dem Spatel nach unten schieben. Das Öl dazugeben und den Zwiebel-Mix darin **3 Min. | Varoma® | Stufe 1** andünsten.

3 | Garflüssigkeit, Sahne, Mehl, Sojasoße, Muskat sowie Pfeffer in den Mixtopf geben und alles **3 Min. | Varoma® | Linkslauf | Sanftrührstufe** aufkochen. Pilze dazugeben und alles weitere **3 Min. | Varoma® | Linkslauf | Sanftrührstufe** garen.

4 | Soße mit dem Hähnchen vermengen und auf Tellern anrichten. Mit Petersilie garnieren und servieren.

LOW CARB · LOW FAT

PRO PORTION: 526 KCAL | 43 G E | 36 G F | 9 G KH

45 Min.

Zutaten für 4 Personen

- 700 g Wasser
- 1 TL Gemüse-Gewürzpaste
- 600 g Hähnchenbrustfilet, in Streifen
- 300 g Champignons, in Scheiben
- 1 Zwiebel, halbiert
- 1 Knoblauchzehe
- 2 EL Rapsöl
- 300 g Sahne
- 2 EL Weizenmehl Type 405
- 1 TL Sojasoße
- 1 Prise Muskat
- 2 Prisen Pfeffer
- Petersilie zum Garnieren

LOW-CARB-REIS

Zum Rahm-Geschnetzelten schmeckt als Beilage Blumenkohlreis besonders gut. Gebt dafür bis zu 500 g Blumenkohlröschen in den Mixtopf und zerkleinert alles **3–5 Sek. | Stufe 5.** In den Varoma® umfüllen. 500 g Wasser in den Mixtopf geben, Varoma® verschlossen aufsetzen, Reis **15 Min. | Varoma® | Stufe 2** dämpfen.

10
MINUTEN

BAUERNTOPF

1 | Zwiebel mit Knoblauch in den geben und **5 Sek. | Stufe 5** zerkleinern. Mit dem nach unten schieben. Öl zufügen und **2 Min. | Varoma® | Stufe 2** andünsten.

2 | Das Hackfleisch in den geben und ohne Messbecher **5 Min. | Varoma® | | ** andünsten. Mit dem vom Boden lösen. Die restlichen Zutaten, bis auf Crème fraîche und Petersilie, zufügen und alles ohne Messbecher **20 Min. | 100 °C | | Stufe 1** garen.

3 | Eintopf auf Teller verteilen und mit je 1 Esslöffel Crème fraîche und Petersilie garniert servieren.

LOW CARB LOW FAT

PRO PORTION: 435 KCAL | 22 G E | 30 G F | 16 G KH

40 Min.

Zutaten für 4 Personen

- 1 Zwiebel
- 2 Knoblauchzehen
- 40 g Öl
- 500 g gemischtes Hackfleisch
- 1 TL Salz
- ½ TL Pfeffer
- 2 rote Paprikaschoten, in mundgerechten Stücken
- 200 g Kohlrabi, in mundgerechten Stücken
- 150 g Karotten, in mundgerechten Stücken
- 400 g stückige Tomaten (Dose)
- ½ TL Chilipulver
- 2 TL getrocknete italienische Kräuter
- 2 TL edelsüßes Paprikapulver
- 600 g Wasser
- 2 TL Gemüse-Gewürzpaste
- 2-3 EL Tomatenmark
- 4 EL Crème fraîche
- Petersilie zum Garnieren

12
MINUTEN

ZUCCHINI-PASTA BOLOGNESE

1 | Zucchini mit einem Sparschäler zu breiten Zoodles verarbeiten und im Varoma® verteilen. Die Zoodles mit ½ TL Salz, 1 Prise Pfeffer und Zitronensaft vermengen.

2 | Zwiebel, Sellerie und Karotte in den geben, **6 Sek. | Stufe 5** zerkleinern und mit dem nach unten schieben. Öl, Tomatenmark und Schinkenwürfel in den geben und alles **3 Min. | 120 °C | | Stufe 1** ohne Messbecher andünsten.

3 | Das Hackfleisch dazugeben und **6 Min. | 120 °C | | Stufe 1** ohne Messbecher andünsten. Dann die stückigen Tomaten, Kräuter, ½ TL Salz sowie 1 Prise Pfeffer dazugeben, den Varoma® aufsetzen und alles **22 Min. | 100 °C | | Stufe 1** köcheln lassen.

4 | Die Zoodles in einer großen Schüssel mit der Bolognese vermengen. Mit Parmesan und Basilikum garnieren und servieren.

>**ALL IN ONE** Dieses Gericht ist superbequem zuzubereiten, denn die Bolognese gart im und die Zoodles im Varoma® darüber – perfekt für All-in-one-Liebhaber! Für eure Liebsten könnt ihr parallel auch Nudeln im Kochtopf kochen.

LOW CARB LOW FAT

PRO PORTION: 379 KCAL | 27 G E | 25 G F | 12 G KH

50 Min.

Zutaten für 4 Personen

- 4 gelbe Zucchini
- Salz
- Pfeffer
- Saft von 1 Zitrone
- 1 Zwiebel, halbiert
- 1 Stange Staudensellerie, in Stücken
- 1 Karotte, in Stücken
- 1 EL Olivenöl
- 1 EL Tomatenmark
- 150 g Schinkenwürfel
- 300 g Rinderhackfleisch
- 400 g stückige Tomaten (Dose)
- 1 EL getrocknete italienische Kräuter
- 1 EL geriebener Parmesan
- Basilikum zum Garnieren

20
MINUTEN

MIXEN FÜR ALLE

Wie ihr eure Low-Carb-Ernährung gelassen in den Alltag integriert und mit wenigen Handgriffen für Familie und Gäste mitkocht

Perfekter Helfer

WIE PASST LOW CARB IN MEINEN ALLTAG?

Low Carb kann perfekt in den Tagesablauf integriert werden. Auch wer sich vegetarisch oder vegan ernährt, kann aus vielen Rezepten wählen. Isst die Familie mit, ist Low Carb ebenfalls kein Problem: Für Kinder könnt ihr etwa Nudeln kochen, für euch selbst eine Portion Zoodles – die Soße teilt ihr euch.

ALTERNATIVEN

Mit ein paar Tricks könnt ihr die Carbs aus Weizenpaniermehl sparen und Schnitzel, Fischstäbchen oder Mozzarella-Sticks dennoch genießen! Verwendet einfach

- ★ gemahlene Mandeln
- ★ geriebenen Parmesan
- ★ Kokosmehl

CLEVER KOCHEN

Nutzt alle Etagen des Thermomix® und auch den Herd, um zeitsparend für unterschiedliche Ernährungsbedürfnisse zu kochen. Kocht gleichzeitig:

Reis im Garkorb	&	Blumenkohlreis im Varoma®
Nudeln im Garkorb	&	Zoodles im Varoma®
Suppe im	&	Kartoffeln im Varoma®
Kartoffeln im	&	Gemüse im Varoma®

3 TIPPS

Blitzschnell fertig

Wenn ihr es euch leicht macht und auf Lebensmittel zurückgreift, die schnell zubereitet sind, könnt ihr auch in kurzer Zeit zwei Varianten eines Gerichts auf die Teller zaubern.

1 Blitzbeilagen: Vollkornbrot für die Familie und Freunde, die Low-Carb-Variante für euch. Friert euer Brot in Scheiben geschnitten ein und toastet es bei Bedarf auf. Couscous ist auch eine tolle Variante für Carb-Esser: Mit heißem Wasser übergießen, fertig.

2 Aus dem Kühlregal: Frische Gnocchi, Nudeln, Maultaschen etc. könnt ihr mit zart gedämpftem Gemüse aus dem Varoma® clever kombinieren. So sind garantiert alle glücklich am Tisch.

3 Auf Vorrat: Bereitet im Thermomix® größere Mengen für euch vor und friert sie portionsweise ein. Blumenkohlreis etwa lässt sich hervorragend im Thermomix® vorbereiten und ist auch zum Einfrieren toll geeignet. Dann ist immer etwas Gutes für euch im Vorrat und ihr braucht nur eine Variante zu kochen.

ZWEI IN EINS

Aufläufe und Gratins eignen sich perfekt, um ganz bequem auch Carb-Esser glücklich zu machen. Bei einer Lasagne etwa verwendet ihr für die eine Häfte Zucchinischeiben und für den Rest der Familie herkömmliche Lasagne-Nudeln. Die Füllungen, Soßen und Käseschichten können für beide Versionen gleich sein. So braucht ihr nur ein Gericht zuzubereiten. **Extratipp**: Verwendet kleine Auflaufformen, dann bekommt jeder am Tisch ein eigenes kleines Gericht.

ZUM NASCHEN

Lust auf was Süßes? Bei diesen kleinen Köstlichkeiten könnt ihr ohne Bedenken zugreifen – im Thermomix® sind sie zudem ruckzuck fertig.

thermomix
VORWERK
Nicht bei Cookidoo® angemeldet
00:00
Min.
Sek.
°C
0

MOUSSE AU CHOCOLAT

1 | Den Rühraufsatz einsetzen. Sahne mit Erythrit in den [Mixtopf] geben und ohne Zeiteinstellung **Stufe 3** unter Sichtkontakt steif schlagen. Kurz vor Ende den Kakao durch die Deckelöffnung dazugeben.

2 | Mousse anschließend in Gläser füllen, mit Johannisbeeren oder anderem Obst garnieren und direkt servieren oder kalt stellen.

LOW CARB LOW FAT

PRO GLAS: 316 KCAL | 5 G E | 31 G F | 8 G KH

10 Min.

Zutaten für 4 Gläser à ca. 300 ml

- 360 g Sahne
- 50 g Erythrit
- 40 g Kakaopulver
- 2 Stiele Johannisbeeren zum Garnieren

HIMMLISCH LUFTIG

Den Kakao lassen wir nach und nach auf den Rühraufsatz rieseln, der das Pulver gleichmäßig unter die süße Sahne hebt. So wird's superfluffig!

2
MINUTEN

„ROCHER"-KUGELN

1 | Die Haselnüsse im Mixtopf **12 Sek. | Stufe 7** mahlen und umfüllen. Kokosöl in den Mixtopf geben und **4 Min. | 37 °C | Stufe 1** schmelzen. Datteln, Espresso und Vanilleextrakt dazugeben und alles **10 Sek. | Linkslauf | Stufe 3** vermengen. Anschließend 15 Min. im Mixtopf ziehen lassen.

2 | Inzwischen den Buchweizen in einer Pfanne ohne Fett rösten und abkühlen lassen.

3 | Dattelmasse **1 Min. | Stufe 6** fein pürieren. Zwischendurch mit dem Spatel nach unten schieben. Buchweizen, gemahlene Haselnüsse, Kokosmehl, Kakaonibs und Kakaopulver dazugeben und alles **20 Sek. | Stufe 5** vermengen. Nach Bedarf etwas Wasser oder Kokosmehl ergänzen.

4 | Aus der Masse mit gefetteten Händen 24 kleine Kugeln formen. Jeweils 1 ganze Haselnuss in die Mitte drücken und mit der Masse umschließen. Abgedeckt etwa 30 Min. kalt stellen. Vor dem Servieren mit Kakaopulver bestäuben.

>**DATTELN** Die Trockenfrüchte enthalten anders als purer Zucker Ballaststoffe, Mineralstoffe wie Kalium, Kalzium und Magnesium sowie B-Vitamine. Bei getrockneten Datteln ist der Kaloriengehalt zwar höher als bei frischem Obst, trotzdem sind sie durch ihre Inhaltsstoffe eine gesunde Nascherei. 100 g Datteln haben ca. 100 kcal weniger als die gleiche Menge Zucker. Durch ihre Konsistenz eignen sie sich hervorragend für Energyballs und Müsliriegel. Mit Dattelpaste und getrocknetem Dattelzucker (im Reformhaus oder Bioladen erhältlich) könnt ihr auch Kuchen, Gebäck und süße Aufstriche oder Getränke zubereiten.

LOW CARB LOW FAT

PRO STÜCK: 95 KCAL | 3 G E | 5 G F | 9 G KH

15 Min. zzgl. 45 Min. Ruhezeit

Zutaten für 24 Stück

- 100 g Haselnüsse
- 40 g Kokosöl
  zzgl. etwas zum Verarbeiten
- 200 g getrocknete Datteln, entsteint
- 80 g Espresso, frisch aufgebrüht
- 1 TL Vanilleextrakt
- 100 g Buchweizen
- 40 g Kokosmehl
- 40 g Kakaonibs
- 40 g Kakaopulver
  zzgl. etwas zum Bestäuben
- 24 geröstete Haselnüsse

10
MINUTEN

SCHOKO-CROSSIES

1 | Mandeln, Walnüsse und Cashewnüsse in den geben und **3 Sek. | Stufe 5** zerkleinern. Umfüllen.

2 | Schokolade in den geben und **5 Sek. | Stufe 8** zerkleinern. Mit dem nach unten schieben. Kokosöl dazugeben und beides in **5 Min. | 50 °C | Stufe 2** schmelzen. Falls die Schokolade noch nicht flüssig ist, ggf. erneut einige Min. schmelzen.

3 | Mandeln und Nüsse dazugeben, **30 Sek. | | Stufe 1** untermischen. Masse mithilfe von zwei Teelöffeln in kleinen Häufchen auf ein mit Backpapier belegtes Blech setzen. Aushärten lassen. Luftdicht verpackt bleiben die Schoko-Crossies 3–4 Wochen knusprig.

LOW CARB LOW FAT

PRO STÜCK: 108 KCAL | 3 G E | 9 G F | 4 G KH

15 Min.

Zutaten für 15 Stück

- 60 g Mandeln
- 50 g Walnüsse
- 40 g Cashewnüsse
- 120 g Schokolade ohne Zucker, in Stücken
- 10 g Kokosöl

ZARTBITTERSCHOKOLADE

Welche Schokolade ihr verwendet, bleibt euch überlassen und hängt auch davon ab, wie streng ihr auf Kohlenhydrate verzichtet. Wenn ihr euch ab und zu ein Stück dunkle Zartbitterschokolade erlaubt, könnt ihr sie verwenden. Ansonsten nehmt Schokolade ohne Industriezucker, also solche, die z. B. mit Xylit oder Erythrit gesüßt ist.

10
MINUTEN

KIRSCH-SOFTEIS

1 | Erythrit in den geben und **20 Sek. | Stufe 10** pulverisieren. Kirschen dazugeben und **20 Sek. | Stufe 8** zerkleinern. Zwischendurch mit dem nach unten schieben.

2 | Eiweiß dazugeben und alles **8 Sek. | Stufe 6** mixen. Mit dem nach unten schieben. Den Rühraufsatz in den einsetzen und die Masse in **3 Min. | Stufe 3,5** cremig rühren. Das Softeis portionieren und sofort servieren.

>**SÜSSE** Der Zuckerersatz Erythrit hat nicht die gleiche Süßkraft wie Zucker (etwa 70 Prozent), aber einen sehr ähnlichen Geschmack. Mit null Kohlenhydraten und nur 20 kcal pro 100 g ist er eine der wichtigsten Low-Carb-Zuckeralternativen.

LOW CARB LOW FAT

PRO PORTION: 57 KCAL | 3 G E | 0 G F | 11 G KH

10 Min.

Zutaten für 4 Personen

- 50 g Erythrit
- 300 g Kirschen (TK)
- 2 Eiweiß

OHNE EISMASCHINE!

Der Thermomix® ist ein echter Softeis-Profi! Blitzschnell und aus wenigen Zutaten rührt er Eiweiß und Kirschen zu supercremigem Eisdessert. Die Geheimzutaten: TK-Kirschen und frisches Eiweiß. Wir lieben es einfach, den Deckel zu lüften, um die fluffige Eiscreme im zu sehen!

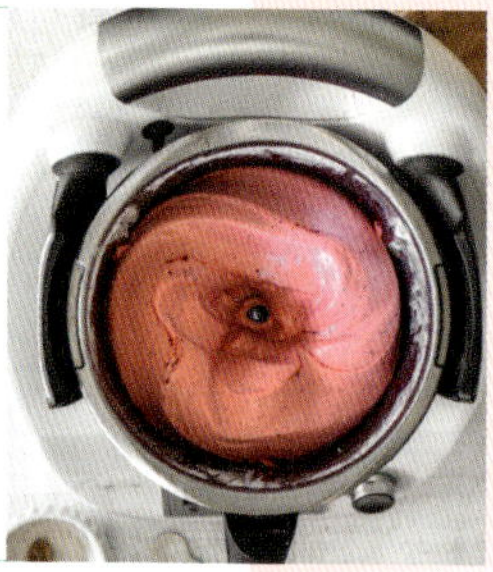

6
MINUTEN

SNICKERDOODLES – AMERIKANISCHE ZIMTPLÄTZCHEN

1 | Backofen auf 170 °C Ober-/Unterhitze vorheizen. Butter, Eier und Xylit in den ⌒ geben und **1 Min. | Stufe 4** aufschlagen.

2 | Mandelmehl, Salz und Backpulver dazugeben und alles in **20 Sek. | Stufe 5** zu einem Teig verarbeiten.

3 | Xylit und Zimt auf einem Teller vermischen. Mithilfe von zwei Esslöffeln kleine Teigportionen abnehmen und im Zimtzucker wälzen. Dann auf ein Backblech setzen und etwas flach drücken. Im vorgeheizten Backofen in ca. 15 Min. goldbraun backen.

>LOW CARB BACKEN Low-Carb-Ernährung und Naschen? Das geht, wenn ihr auf die richtigen Zutaten achtet. Statt Mehl kommen gemahlene Nüsse oder Mandeln zum Einsatz. Den Zucker ersetzt ihr etwa durch Xylit, wie zum Beispiel bei diesen amerikanischen Zimtplätzchen, auch bekannt als Snickerdoodles. Sie sind simpel zu backen, schmecken toll, und vor allem könnt ihr sie ohne Reue genießen.

LOW CARB LOW FAT

PRO STÜCK: 106 KCAL | 5 G E | 8 G F | 2 G KH

20 Min.

Zutaten für 24 Stück

- 200 g Butter, in Stücken
- 2 Eier
- 100 g Xylit
- 300 g Mandelmehl, entölt
- 1 Prise Salz
- 1 TL Backpulver

Für den Zimtzucker

- 2 EL Xylit
- 1 TL Zimt

4
MINUTEN

QUARKRIEGEL

1 | Ein Backblech mit Backpapier belegen. 200 g Quark mit Kokosfett, Puder-Erythrit, Vanilleextrakt und Salz in den [Mixtopf] geben und **3 Min. | 50 °C | Stufe 2** erwärmen. **2 Min. | Stufe 3** cremig rühren und dabei den restlichen Quark durch die Deckelöffnung dazugeben. Die Masse in einen Spritzbeutel füllen und in Streifen auf das Backpapier spritzen. Für 2–3 Std. gefrieren lassen. Den [Mixtopf] spülen.

2 | Schokolade in den [Mixtopf] geben, **5 Sek. | Stufe 8** zerkleinern und mit dem [Spatel] nach unten schieben. Kokosöl dazugeben und beides **3 Min. | 50 °C | Stufe 2** schmelzen.

3 | Die Riegel aus dem Tiefkühler nehmen und auf Holzstäbchen stecken. Rundherum mit Schokolade überziehen. Auf einen Rost setzen, Holzstäbchen entfernen. Riegel fürs Aushärten 30 Min. kalt stellen. Herausnehmen und servieren.

>TIPP Ihr könnt die Quarkmasse auch in einer Form für Müsliriegel aushärten lassen. Wenn ihr eure Quarkriegel auf den Holzstäbchen lassen möchtet, sind sie ein cooler Snack für den Kaffeetisch.

>TWOROG ist eine Art körniger Frischkäse, der in der osteuropäischen und türkischen Küche sehr beliebt ist. Er ist mittlerweile in vielen Discountern im Kühlregal zu finden.

LOW CARB LOW FAT

PRO STÜCK: 128 KCAL | 5 G E | 9 G F | 7 G KH

20 Min. zzgl. 3 Std. 30 Min. Ruhezeit

Zutaten für 20 Stück

- 600 g russischer Quark (Tworog), alternativ Magerquark
- 80 g Kokosfett
- 80 g Puder-Erythrit
- 1 TL Vanilleextrakt
- 1 Prise Salz
- 200 g Zartbitterschokolade, in Stücken
- 40 g Kokosöl

Außerdem

- Spritzbeutel mit Lochtülle
- Holzstäbchen

12
MINUTEN

SALTED HONEY PISTACCHIO COOKIES

1 | Pistazienkerne in den Mixtopf geben und **3 Sek. | Stufe 5** zerkleinern. Die restlichen Zutaten dazugeben und alles in **20 Sek. | Stufe 4** zu einem glatten Teig verkneten. Teig zu einer Rolle formen, in Frischhaltefolie wickeln und ca. 1 Std. kühlen.

2 | Den Backofen auf 180 °C Umluft vorheizen. Ein Backblech mit Backpapier belegen. Aus dem Teig 16 Kugeln formen und flach drücken, mit etwas Abstand zueinander auf das Backpapier setzen. Im Ofen ca. 15 Min. backen, herausnehmen, 2 Min. auf dem heißen Blech ruhen lassen. Dann mit dem Papier vom Blech auf einen Rost ziehen und auskühlen lassen. Anschließend servieren.

> **TIPP** Damit die Cookies ihre tolle saftige Konsistenz behalten, backt sie lieber zu kurz als zu lang, da sie nach dem Backen auf dem heißen Blech nachziehen.

LOW CARB LOW FAT

PRO STÜCK: 160 KCAL | 6 G E | 11 G F | 13 G KH

25 Min. zzgl. 1 Std. Ruhezeit

Zutaten für 16 Stück

- 80 g Pistazienkerne
- 80 g weiches Kokosöl
- 75 g Honig
- 75 g Xylit
- 1 TL Vanilleextrakt
- 1 Ei
- 180 g Mandelmehl
- 1 TL Salz
- ½ TL Backpulver
- 75 g zuckerfreie weiße Schokoladenchips

10
MINUTEN

ZUCKER ERSETZEN

Hier ist Naschen ausdrücklich erlaubt! Mit dem Thermomix® zaubert ihr ratzfatz köstliche Desserts und süße Knabbereien

Ohne Reue

Eischnee mit Gelinggarantie

Keiner schafft perfekteren Eischnee für eure Desserts als der Thermomix®. Einfach den Rühraufsatz einsetzen. Eiweiß mit 1 Prise Salz in den fettfreien [Mixtopf] geben und in **4 Min. | Stufe 3,5** steif schlagen. Den Eischnee bis zur Verwendung kalt stellen. Zum Beispiel für

- ★ zuckerfreie Baisers
- ★ Eiweiß-Fluff
- ★ Low-Carb-Biskuitrolle

DAS AUGE ISST MIT

Schichtdesserts sind blitzschnell zubereitet und machen ganz schön was her. Sie sind ideal für den schnellen, sündenfreien Nachtisch. Als Schicht könnt ihr Folgendes verwenden:

- Früchte & Fruchtpüree
- Kokosraspel
- Nüsse & Kerne
- Schoko-Crossies (siehe Seite 106)
- Snickerdoodles (siehe Seite 110)
- Skyr, Quark oder Joghurt

Für den Jieper

Zugreifen, bitte

Von allen Obstsorten enthalten Beeren am wenigsten Fruchtzucker. Dadurch sind sie ideal für eine Low-Carb-Ernährung. Zum Waschen der Beeren eignet sich der Garkorb! Gebt die Beeren vorsichtig hinein und lasst langsam kaltes Wasser darüberlaufen.

SCHOKOLIEBE

Zuckerfreie Schokolade könnt ihr im Thermomix® ganz leicht selbst herstellen, indem ihr Kakaobutter, Kakaopulver und Süßstoffe schmelzt und mischt. Auch Nüsse oder Kokosraspel könnt ihr noch hinzufügen. Für die Schokolade 50 g Kakaobutter in groben Stücken in den geben und **10 Sek. | Stufe 8** zerkleinern. 10 g Kokosöl hinzufügen und in **4 Min. | 50 °C | Stufe 2** schmelzen. 40 g Puder-Erythrit und 20 g Kakaopulver hinzufügen, alles **2 Min. | 50 °C | Stufe 2** vermischen. Wer es süßer mag, fügt etwas Honig oder Sirup hinzu. Die Kakaomasse auf ein mit Backpapier ausgelegtes Backblech oder in Silikonförmchen geben und nach Belieben mit Nüssen oder Rosinen bestreuen. Im Kühlschrank 1 Std. ruhen lassen.

BLITZDESSERT

Befinden sich noch Frucht- oder Beerenreste an Messer und Rand eures ? Dann keinesfalls ausspülen. Gebt etwas Naturjoghurt, etwas Milch, einen veganen Drink oder Frischkäse in den und vermischt alles **10 Sek. | Stufe 6**. Fügt nach Lust und Laune beispielsweise noch etwas Erythrit oder Stevia hinzu, und fertig ist eine schnelle Obstmilch, ein Fruchtjoghurt oder ein süßer Brotaufstrich.

KUCHEN & GEBÄCK

Low Carb und Kuchen geht nicht? Und ob! Wir decken die Kaffeetafel mit cremigem Käsekuchen, fluffigen Waffeln und saftigem Schokokuchen.

thermomix
VORWERK
00:00
°C
0

KÄSEKUCHEN MIT WENIG ZUTATEN

1 | Den Backofen auf 180 °C Ober-/Unterhitze vorheizen. Den Boden der Springform mit Backpapier belegen, den Rand mit etwas Butter fetten.

2 | Den Rühraufsatz einsetzen. Alle Zutaten bis auf Puder-Erythrit in den Mixtopf geben und **2 Min. | Stufe 4** schaumig rühren. Den Rühraufsatz entnehmen und den Teig in die vorbereitete Form füllen. Den Käsekuchenteig ca. 1 Std. backen.

3 | Den Käsekuchen aus dem Ofen nehmen und vollständig auskühlen lassen. Anschließend mit etwas Puder-Erythrit bestäuben und servieren.

LOW CARB LOW FAT

PRO STÜCK: 214 KCAL | 18 G E | 11 G F | 8 G KH

1 Std. 10 Min.

Zutaten für 10 Stücke

- Butter zum Fetten
- 750 g Quark
- 250 g Frischkäse
- 150 g Erythrit
- 60 g Stärke
- 6 Eier
- Abrieb und Saft von 1 unbehandelten Zitrone
- Mark von 1 Vanilleschote
- Puder-Erythrit zum Bestäuben

Außerdem

- Springform (Ø 24 cm)

8
MINUTEN

SUPERSAFTIGER SCHOKOKUCHEN

1 | Den Rühraufsatz einsetzen. Eiweiß mit Salz in den geben und **5 Min. | Stufe 3,5** unter Sichtkontakt steif schlagen. Den Eischnee umfüllen.

2 | Eigelbe mit dem ganzen Ei und Erythrit in den geben und **5 Min. | Stufe 4** aufschlagen. Sojamehl, Johannisbrotkernmehl, Backpulver, Milch, Orangensaft und -abrieb dazugeben und **20 Sek. | Stufe 4** vermengen. Teig in eine große Schüssel umfüllen.

3 | Backofen auf 170 °C Ober-/Unterhitze vorheizen. Den Boden der Springform mit Backpapier belegen.

4 | Schokolade in den geben und **5 Sek. | Stufe 8** zerkleinern. Butter dazugeben, beides **3 Min. | 60 °C | Stufe 1** schmelzen. Den Teig dazugeben und alles **20 Sek. | Stufe 4** vermengen. Eischnee vorsichtig mit dem unterheben. Teig in die Backform füllen und im heißen Ofen ca. 40 Min. backen.

5 | Kuchen aus dem Ofen nehmen und auskühlen lassen. Vor dem Servieren mit Orangenscheiben garnieren.

LOW CARB LOW FAT

PRO STÜCK: 120 KCAL | 6 G E | 8 G F | 7 G KH

1 Std. 10 Min.
Zutaten für 8 Stücke

- 4 Eier, getrennt, zzgl. 1 Ei
- 1 Prise Salz
- 150 g Erythrit
- 40 g Sojamehl
- 1 TL Johannisbrotkernmehl
- 2 TL Backpulver
- 2 EL Milch
- Abrieb und Saft von 1 unbehandelten Orange
- 45 g Zartbitterschokolade, in Stücken
- 20 g Butter
- 1 unbehandelte Orange, in Scheiben, zum Garnieren

Außerdem

- Springform (Ø 24 cm)

LOCKER-FLUFFIG

Eiweiß zu Eischnee schlagen und zum Schluss unterheben – so wird euer Schokokuchen nicht nur saftig, sondern auch superlocker. Damit euer Eischnee garantiert gelingt, sollte der fettfrei sein.

14
MINUTEN

MARMORKUCHEN

1 | Backofen auf 180 °C Ober-/Unterhitze vorheizen. Die Gugelhupfform mit etwas Butter fetten und mit etwas Mandelmehl ausstäuben. Haselnüsse in einer Pfanne ohne Fettzugabe rösten und abkühlen lassen.

2 | Haselnüsse in den geben und **10 Sek. | Stufe 7** mahlen, umfüllen. 150 g Xylit, Vanillemark, Salz und Butter in den geben, **20 Sek. | Stufe 4** cremig rühren. Eier und 160 g Milch dazugeben und **20 Sek. | Stufe 4** unterrühren. Kokos-, Mandel-, Weizenmehl sowie Backpulver hinzufügen und alles **30 Sek. | Stufe 5** zu einem glatten Teig verarbeiten.

3 | Die Hälfte des Teigs in die Form füllen. 80 g Xylit, Kakao, Haselnüsse und ca. 8 EL Milch zum restlichen Teig in den geben, alles **20 Sek. | Stufe 5** verrühren und auf den hellen Teig geben. Mit einer Gabel beide Teigschichten spiralförmig miteinander vermengen.

4 | Marmorkuchen im heißen Ofen auf der unteren Schiene ca. 50 Min. backen. Herausnehmen und auf einem Rost auskühlen lassen. Schokolade in den geben, **3 Min. | 50 °C | Stufe 2** schmelzen lassen. Den Kuchen mit Schokolade garnieren und servieren.

>**KUCHEN FÜR ALLE** Für Familie und Freunde könnt ihr eine Hälfte des Kuchens noch versüßen: Garniert dafür die noch weiche Schokolade des halben Kuchens zum Beispiel mit Schokolinsen.

LOW CARB LOW FAT

PRO STÜCK: 291 KCAL | 11 G E | 21 G F | 17 G KH

1 Std. 10 Min.

Zutaten für 12 Stücke

- 250 g weiche Butter, in Stücken, zzgl. etwas zum Fetten
- 225 g Mandelmehl zzgl. etwas für die Form
- 50 g Haselnüsse
- 230 g Xylit
- Mark von 1 Vanilleschote
- 1 Prise Salz
- 4 Eier
- 160 g Milch zzgl. 8 EL
- 75 g Kokosmehl
- 200 g Weizenmehl Type 550
- 2 TL Backpulver
- 40 g Kakaopulver
- 50 g Zartbitterschokolade, in Stücken

Außerdem

- Gugelhupfform (1,5 l)

ZARTBITTERSCHOKOLADE

Zartbitterschokolade statt Vollmilchschokolade – die dunkle Schokolade hat weniger Zucker und sollte einen Kakaoanteil von mindestens 70 Prozent haben. Und wer hätte das gedacht: Schokolade kann auch gesund sein, denn Kakao enthält Antioxidantien und die können den Blutdruck senken.

15
MINUTEN

KOKOSKUCHEN

1 | Backofen auf 180 °C Ober-/Unterhitze vorheizen. Die Kastenform mit Backpapier auskleiden.

2 | Butter, Kokosöl und Erythrit in den Mixtopf geben, **2 Min. | Stufe 3** cremig rühren, dabei die Eier nacheinander durch die Deckelöffnung geben.

3 | Die restlichen Zutaten dazugeben und alles **30 Sek. | Stufe 4** vermengen. Den Teig in die Kastenform geben und im heißen Ofen 35–40 Min. backen.

4 | Den Kuchen aus dem Ofen nehmen und auskühlen lassen. Vor dem Servieren mit Kokosraspeln bestreuen.

>**KOKOS & CO.** Hier kommen keine Mehle aus Getreide zum Einsatz, sondern wir backen mit Kokos- und Mandelmehl! Kokosmehl wird aus dem entölten Fruchtfleisch der Kokosnuss hergestellt und verleiht dem Kuchen einen sommerlich-frischen Geschmack. Mandelmehl passt mit seiner an Marzipan erinnernden Note perfekt in alle Arten von Keksen, Kuchen oder Pfannkuchen.

LOW CARB LOW FAT

PRO STÜCK: 146 KCAL | 5 G E | 13 G F | 4 G KH

50 Min.

Zutaten für 16 Stücke

- 100 g weiche Butter, in Stücken
- 30 g Kokosöl
- 125 g Erythrit
- 5 Eier
- 40 g Kokosmehl
- 40 g Mandelmehl
- 80 g Kokosraspel zzgl. etwas zum Garnieren
- 1 TL Backpulver
- 200 g Milch
- 1 EL Zitronensaft

Außerdem

- Kastenform (28 cm Länge)

8
MINUTEN

WAFFELN

1 | Die Mandeln in den ☐ geben, **12 Sek. | Stufe 7** mahlen und umfüllen. Die Eier mit Xylit im ☐ **1 Min. | Stufe 3** schaumig schlagen. Mandeln sowie übrige Zutaten, bis auf das Öl, in den ☐ geben und **1 Min. | Stufe 3** zu einem glatten Teig verrühren. Den Teig 10 Min. quellen lassen.

2 | In dieser Zeit das Waffeleisen vorheizen und mit etwas Öl fetten. Teig darin zu goldbraunen Waffeln ausbacken.

LOW CARB LOW FAT

PRO PORTION: 353 KCAL | 22 G E | 23 G F | 21 G KH

15 Min. zzgl. 10 Min. Ruhezeit
Zutaten für 4 Personen

- 100 g Mandeln
- 6 Eier
- 30 g Xylit
- 1 Pck. Backpulver
- 125 g Magerquark
- 150 g Milch
- 3 EL Flohsamenschalen
- Mark von 1 Vanilleschote
- Öl zum Fetten

MANDELN MAHLEN

Wenn ihr die Mandeln auf Vorrat mahlen wollt, füllt sie anschließend zur Aufbewahrung in ein luftdichtes Schraubglas um. Die gemahlenen Mandeln halten sich so etwa drei Wochen – danach verlieren sie rasch ihr Aroma.

13
MINUTEN

SCHOKOMUFFINS MIT VANILLE

1 | Den Backofen auf 180 °C Ober-/Unterhitze vorheizen. Die Mulden des Muffinblechs mit Papierförmchen auslegen.

2 | Den Rühraufsatz einsetzen. Eiweiß mit Salz in den geben und ohne Zeiteinstellung **Stufe 3,5** unter Sichtkontakt steif schlagen. Rühraufsatz entnehmen und den Eischnee umfüllen.

3 | Butter, Erythrit sowie Vanillemark in den geben und **2 Min. | Stufe 3** schaumig schlagen. Eigelbe nacheinander dazugeben und alles **1 Min. | Stufe 3** weiterrühren. Mandelmehl und Backpulver dazugeben und alles **20 Sek. | Stufe 4** vermengen.

4 | Eischnee und Schokodrops mithilfe des unterheben. Den Teig in die Förmchen füllen und im heißen Ofen ca. 20 Min. backen. Herausnehmen und vollständig auskühlen lassen.

>**MANDELMEHL** Es ist nicht dasselbe wie gemahlene Mandeln. Für das Mehl werden gemahlene Mandeln in einem aufwendigen Verfahren entölt. Neben Vitaminen kann es mit Zink, Eisen, Magnesium und jeder Menge Eiweiß punkten. Es bindet viel Flüssigkeit, daher könnt ihr mehr Ei, Wasser oder Milch zu Teigen mit Mandelmehl geben.

LOW CARB LOW FAT

PRO STÜCK: 233 KCAL | 7 G E | 20 G F | 8 G KH

30 Min.

Zutaten für 12 Stück

- 4 Eier, getrennt
- 1 Prise Salz
- 100 g weiche Butter, in Stücken
- 80 g Erythrit
- Mark von 1 Vanilleschote
- 200 g Mandelmehl
- 1 TL Backpulver
- 120 g Zartbitterschokodrops

Außerdem

- Muffinblech mit 12 Mulden
- 12 Papiermuffinförmchen

7
MINUTEN

KAFFEEZEIT

Wie ihr die kohlenhydratreichen Zutaten der klassischen Bäckerei geschickt ersetzt, haben wir für euch kompakt zusammengefasst

Unwiderstehlich gut

Low-carb backen?

Das funktioniert tatsächlich ziemlich gut, wenn ihr die richtigen Zutaten verwendet. Statt Mehl greifen wir etwa zu Mandelmehl, wir ersetzen Backpulver durch Alternativen wie Johannisbrotkernmehl, das keine Kalorien hat, und Zucker durch kohlenhydratfreie Ersatzsüße wie Stevia, Xylit, Erythrit und kohlenhydratarme Früchte.

Tolle Alternativen

Weizenmehl einfach ersetzen

Hier findet ihr den perfekten Ersatz und die jeweilige Dosierung. Anstelle von jeweils 100 g Weizenmehl verwendet in der Low-Carb-Backstube:

- 75 g Kichererbsenmehl
- 50 g Kokosmehl
- 100 g Kürbiskernmehl
- 90 g Leinsamenmehl
- 50 g Mandelmehl
- 75 g Sojamehl
- 100 g Süßlupinenmehl

WICHTIG

Mandelmehl ist, im Gegensatz zu gemahlenen Mandeln, durch ein aufwendiges Verfahren stark entölt. **Daher gilt:** Die beiden Zutaten bitte nicht verwechseln. Im Thermomix® könnt ihr lediglich Mandeln mahlen, diese können Mandelmehl jedoch nicht als Low-Carb-Zutat ersetzen. Mandelmehl findet ihr im Supermarktregal meist in kleineren Packungsgrößen und auch mit dem spezifischen Teilbegriff „mehl".

WELCHE ZUTATEN EIGNEN SICH?

- dunkle Schokolade und Kakao
- Eier
- Fette wie Avocadoöl, Butter, Kokosöl, Olivenöl,
- Früchte wie Zitronen, Beeren, Kokosnüsse
- Kokosmilch
- Milchprodukte wie Schlagsahne, griechischer Joghurt, Crème fraîche, Frischkäse
- Samen, Kerne, Nüsse

Zuckersüß

Anstelle von 100 g Zucker je nach Geschmack gibt es folgende Alternativen:

- 125 g Erythrit
- 60 g Stevia
- 100 g Xylit

Unsere Empfehlung: Die besten Backergebnisse erzielt ihr mit einem Mix aus Erythrit und Xylit im Verhältnis 1 : 1.

BLITZKUCHEN

Ein Tassenkuchen (Mug Cake) ist ideal, wenn es besonders schnell gehen soll. Mischt Mandelmehl, Ei, Süßstoff und Kakao in einer mikrowellengeeigneten Tasse zu einem Teig und backt ihn in kurzen Intervallen, bis er gar ist.

WOCHENPLÄNE

Unsere Ernährungsexpert*innen haben für euch Rezeptpläne für zwei Wochen zusammengestellt! So könnt ihr entspannt losmixen.

	MONTAG	DIENSTAG	MITTWOCH
FRÜHSTÜCK	 256 kcal / 14 g KH **Quarkriegel (2 Stück)** Seite 112	 345 kcal / 7 g KH **5-Minuten-Brot** Seite 18	 127 kcal / 15 g KH **Detox Smoothie** Seite 20
MITTAG	 352 kcal / 21 g KH **Hühnerfrikassee** Seite 30	 444 kcal / 18 g KH **Asia-Rinderstreifen** Seite 32	 445 kcal / 17 g KH **Brokkoli-Blumenkohl-Curry** Seite 34
ABENDESSEN	 531 kcal / 18 g KH **Schneller Käsesalat** Seite 82	 358 kcal / 24 g KH **Karotten-Ingwer-Suppe** Seite 68	 471 kcal / 10 g KH **Dönerteller** Seite 74
SNACK/SÜSSES	 316 kcal / 8 g KH **Mousse au Chocolat** Seite 102	 233 kcal / 8 g KH **Schokomuffin mit Vanille (1 Stück)** Seite 130	 353 kcal / 21 g KH **Waffeln** Seite 128
KCAL	1455 kcal	1380 kcal	1396 kcal
Kohlenhydrate	61 g	57 g	63 g

DONNERSTAG	FREITAG	SAMSTAG	SONNTAG
 185 kcal / 20 g KH **Porridge mit Himbeeren** Seite 22	 504 kcal / 4 g KH **Omelett mit Sucuk** Seite 24	 436 kcal / 18 g KH **Pfannkuchen (2 Stück)** Seite 26	 370 kcal / 16 g KH **Quarkbrötchen (1 Stück)** Seite 16
 752 kcal / 5 g KH **Low-Carb-Rolle 2.0** Seite 36	 539 kcal / 19 g KH **Green-Goddess-Salat** Seite 38	 310 kcal / 10 g KH **Zucchini-Cannelloni** Seite 52	 494 kcal / 9 g KH **Schweinefleisch in Rahmsoße** Seite 88
 551 kcal / 18 g KH **Blumenkohl-Käse-Puffer** Seite 66	 435 kcal / 16 g KH **Bauerntopf** Seite 94	 526 kcal / 9 g KH **Rahm-Geschnetzeltes** Seite 92	 379 kcal / 12 g KH **Zucchini-Pasta Bolognese** Seite 96
 57 kcal / 11 g KH **Kirsch-Softeis** Seite 108	 106 kcal / 2 g KH **Snickerdoodles (1 Stück)** Seite 110	 120 kcal / 7 g KH **Schokokuchen (1 Stück)** Seite 122	 214 kcal / 8 g KH **Käsekuchen (1 Stück)** Seite 120
1545 kcal	1584 kcal	1392 kcal	1457 kcal
54 g	41 g	44 g	45 g

	MONTAG	DIENSTAG	MITTWOCH
FRÜHSTÜCK	 370 kcal / 16 g KH **Quarkbrötchen (1 Stück)** Seite 16	 185 kcal / 20 g KH **Porridge mit Himbeeren** Seite 22	 504 kcal / 4 g KH **Omelett mit Sucuk** Seite 24
MITTAG	 379 kcal / 12 g KH **Zucchini-Pasta Bolognese** Seite 96	 445 kcal / 17 g KH **Brokkoli-Blumenkohl-Curry** Seite 34	 404 kcal / 10 g KH **Zucchini-Lasagne** Seite 48
ABENDESSEN	 608 kcal / 20 g KH **Grünkohlauflauf** Seite 54	 622 kcal / 7 g KH **Flammkuchen** Seite 56	 399 kcal / 12 g KH **Spitzkohl-Hack-Pfanne** Seite 40
SNACK/SÜSSES	 233 kcal / 8 g KH **Schokomuffin mit Vanille (1 Stück)** Seite 130	 216 kcal / 8 g KH **Schoko-Crossies (2 Stück)** Seite 106	 320 kcal / 26 g KH **Salted Honey Cookies (2 Stück)** Seite 114
KCAL	1590 kcal	1468 kcal	1627 kcal
Kohlenhydrate	56 g	52 g	52 g

DONNERSTAG	FREITAG	SAMSTAG	SONNTAG

256 kcal / 14 g KH	127 kcal / 15 g KH	345 kcal / 7 g KH	436 kcal / 18 g KH
Quarkriegel (2 Stück) Seite 112	**Detox Smoothie** Seite 20	**5-Minuten-Brot** Seite 18	**Pfannkuchen (2 Stück)** Seite 26

545 kcal / 25 g KH	596 kcal / 17 g KH	494 kcal / 9 g KH	680 kcal / 19 g KH
Paprika aus dem Varoma® Seite 42	**Senfeier mit Blumenkohlstampf** Seite 70	**Schweinefleisch in Rahmsoße** Seite 88	**Putengeschnetzeltes** Seite 90

342 kcal / 6 g KH	435 kcal / 16 g KH	379 kcal / 21 g KH	310 kcal / 10 g KH
Spinat-Speck-Quiche Seite 58	**Bauerntopf** Seite 94	**Selleriepüree mit Lachs** Seite 80	**Zucchini-Cannelloni** Seite 52

190 kcal / 18 g KH	353 kcal / 21 g KH	291 kcal / 17 g KH	292 kcal / 8 g KH
„Rocher"-Kugeln (2 Stück) Seite 104	**Waffeln** Seite 128	**Marmorkuchen (1 Stück)** Seite 124	**Kokoskuchen (2 Stücke)** Seite 126
1333 kcal	1511 kcal	1509 kcal	1718 kcal
63 g	69 g	54 g	55 g

KURZANLEITUNGEN

Hier seht ihr auf einen Blick, wie ihr bestimmte Zutaten verarbeiten könnt und welche Zeiten und Stufeneinstellungen dafür jeweils die richtigen sind

PRODUKT	BASIS-FUNKTION	MENGE	FORM/HINWEIS	ZEIT + STUFE	Z.B. FÜR
Eier	Eischnee	4 Eiweiß (+ 200 g Zucker)	Der muss absolut fettfrei sein, mit eingesetztem Rühraufsatz	ohne Zeiteinstellung Stufe 3 unter Sichtkontakt schlagen, Zucker einrieseln lassen	Baiser
Eier	emulgieren	1 Ei + Gewürze + 230 g Sonnenblumenöl	roh (ohne Schale)	Ei und Gewürze 30 Sek. | Stufe 4 vermengen, 2 Min. | Stufe 3,5 einstellen, Öl auf den Deckel des gießen	Mayonnaise
Eier	luftig aufschlagen	4 Eier	roh (ohne Schale)	1 Min. | Stufe 4	Biskuitteig
Eis	zerkleinern	200–500 g	Eiswürfel	5–8 Sek. | Stufe 5	Crushed Ice
Fisch	dampfgaren	500 g Fisch + 500 g Wasser	Filets im Varoma® und Einlegeboden	15–30 Min. | Varoma® | Stufe 1	Hauptspeise
Fisch	zerkleinern	500 g	angefroren, in Stücken	8 Sek. | Stufe 7	Frikadellen
Fleisch	dünsten	300 g + 1 EL Öl	Hackfleisch	5 Min. | Varoma® | | Stufe 1	Bolognese
Fleisch	garen	4 Hähnchenbrustfilets + 500 g Wasser + ggf. 1 TL Gewürzpaste	im Ganzen, in Streifen oder in Würfeln, im Varoma® und/oder Einlegeboden	20–25 Min. | Varoma® | | Stufe 2	Frikassee
Fleisch	zerkleinern	bis zu 300 g	angefroren, in Würfeln (3 cm)	15 Sek. | Stufe 6 mit	Hackfleisch
Früchte	auftauen	100 g Früchte + 500 g Wasser	gefroren, in einem Gefrierbeutel im Garkorb, Wasser im	12 Min. | Varoma® | Stufe 2	Kuchen, Desserts
Früchte	pürieren	200 g Früchte	gefroren oder frisch, ggf. mit etwas Flüssigkeit	20 Sek. | Stufe 8	Smoothies, Fruchtsoßen
Früchte	zerkleinern	bis zu 500 g	frisch, in groben Stücken	Stufe 4–5 ohne Zeiteinstellung unter Sichtkontakt	Füllungen
Garnelen	dampfgaren	200 g Garnelen + 500 g Wasser	küchenfertig, im Garkorb	10–15 Min. | Varoma® | Stufe 1	Hauptspeise
Gemüse	dampfgaren	bis zu 1500 g Gemüse + 700 g Wasser	in Stücken, im Varoma® und Einlegeboden	Wasser in den füllen, Garkorb einhängen, Gemüse einwiegen, 20–40 Min. | Varoma® | Stufe 1 garen	Beilage
Gemüse	dünsten	450 g Gemüse + 15 g Öl	in Scheiben	3–7 Min. | 120 °C | | Stufe 1	Soßen, Eintöpfe
Gemüse	kochen	500 g Gemüse + 600 g Wasser	in Stücken	20–25 Min. | 100 °C | Stufe 1	Suppen
Gemüse	pürieren	600 g Gemüse + etwas Flüssigkeit	in Stücken, gegart	30 Sek. | Stufe 8–10	Suppen

PRODUKT	BASIS-FUNKTION	MENGE	FORM / HINWEIS	ZEIT + STUFE	Z. B. FÜR
Gemüse	zerkleinern, fein	bis zu 500 g	in Stücken	8–10 Sek. | Stufe 6	Salate, Bratlinge
Gemüse	zerkleinern, grob	bis zu 500 g	in Stücken	4–5 Sek. | Stufe 5	Salate, Gratins
Gewürze	mahlen	mind. 20 g	Körner	1 Min. | Stufe 10	Würzen von Speisen und Gebäck
Käse, hart	reiben	100 g	in Stücken, gekühlt	12 Sek. | Stufe 10	Verfeinern von Pasta
Käse, mittelhart	reiben	100 g	in Stücken, gekühlt	10 Sek. | Stufe 7	Gratins, Aufläufe
Knoblauch	hacken	mind. 1 Zehe	frisch, geschält	2 Sek. | Turbo	Würzen von Speisen
Kräuter	zerkleinern	1 Bund / 20 g	frisch, nur die Blättchen	3 Sek. | Stufe 8	Würzen von Speisen
Milch	erwärmen	200 g bzw. 1000 g	nach Belieben mit Kakaopulver	4 Min. | 80 °C | Stufe 2 bei 200 g bzw. 8 Min. | 80 °C | Stufe 2 bei 1000 g Milch	heiße Schokolade
Nüsse	hacken, fein	200 g	ganze Nusskerne	8 Sek. | Stufe 7	Teige
Nüsse	hacken, grob	200 g	ganze Nusskerne	4 Sek. | Stufe 5	Krokant
Nüsse	mahlen	200 g	ganze Nusskerne	12 Sek. | Stufe 7	Nussbiskuit
Quark	cremig rühren	500 g	nach Wunsch mit 30 g Zucker und 40 g Mineralwasser	7 Min. |	Desserts
Sahne	steif schlagen	200 g–600 g	mit eingesetztem Rühraufsatz	ohne Zeiteinstellung Stufe 3,5 unter Sichtkontakt	Torten, Garnitur, Desserts
Schokolade	schmelzen	100 g	zerkleinert	3–5 Min. | 50 °C | Stufe 2	Torten, Garnitur, Desserts
Schokolade	zerkleinern	100 g	in Stücken	3–4 Sek. | Stufe 7	Torten, Garnitur, Desserts
Xylit/Erythrit	pulverisieren	200 g Zucker	muss trocken sein	45 Sek. | Stufe 10	Puderzucker, Garnitur
Zwiebel	Zerkleinern	1–6 Zwiebeln	halbiert	5 Sek. | Stufe 5, ggf. wiederholen	Würzen

REZEPTREGISTER

A

Asia-Rinderstreifen mit Teriyakisoße 32

B

Bauernsalat, griechischer 84
Bauerntopf 94
Blumenkohl-Käse-Puffer mit Quark 66
Blumenkohlreis 92
Brokkoli-Blumenkohl-Curry 34

D

Detox Smoothie 20
Dönerteller 74

F

Flammkuchen 56
Fünf-Minuten-Brot aus der Mikrowelle 18

G

Green-Goddess-Salat 38
Grünkohlauflauf
mit Hackfleisch und Feta 54

H

Hackbällchen Toskana 50
Hühnerfrikassee mit Blumenkohlreis 30

K

Karotten-Ingwer-Suppe 68
Käsekuchen mit wenig Zutaten 120
Käse-Porree-Suppe mit Hackbällchen 72
Käsesalat, schneller 82
Kirsch-Softeis 108
Kokoskuchen 126

L

Low-Carb-Rolle 2.0 36

M

Marmorkuchen 124
Mousse au Chocolat 102

O

Omelett mit Sucuk und Feta 24

P

Paprika aus dem Varoma®
mit Tomate-Mozzarella-Hackfüllung 42
Pfannkuchen mit Blaubeeren 26
Pilz-Hack 42
Pizza mit Käseboden 60
Porridge mit Himbeeren
und Kürbiskernen 22
Putengeschnetzeltes
mit Erbsen und Karotten 90

Q

Quarkbrötchen 16
Quarkriegel 112

R

Rahm-Geschnetzeltes 92
„Rocher"-Kugeln 104

S

Salted Honey Pistacchio Cookies 114
Schoko-Crossies 106
Schokokuchen, supersaftiger 122
Schokolade, zuckerfrei 117
Schokomuffins mit Vanille 130
Schweinefilet in Rahmsoße 88
Selleriepüree
mit Lachs-Gemüse-Spießen 80
Senfeier mit Blumenkohlstampf 70
Snickerdoodles 110
Spinat-Speck-Quiche 58
Spitzkohl-Hack-Pfanne 40

W

Waffeln 128

Z

Zoodles mit Carbonara 76
Zucchini-Cannelloni 52
Zucchini-Lasagne 48
Zucchininudeln mit Lachs-Sahne-Soße 78
Zucchini-Pasta Bolognese 96

SYMBOLE

Mit unseren Symbolen und Angaben habt ihr schnell den Überblick, ob ein Rezept euren gewünschten Ernährungskriterien entspricht und wie man es zubereitet.

NÄHRWERTE

Zu jedem Rezept findet ihr die konkreten Nährwerte mit den hier rechts erklärten Abkürzungen.

KCAL – Kilokalorien
G E – Gramm Eiweiß
G F – Gramm Fett
G KH – Gramm Kohlenhydrate

ERNÄHRUNG

Ob ein Rezept eure ganz persönlichen Ernährungskriterien erfüllt, erkennt ihr an unseren Kennzeichnungen direkt an den Rezepten.

Entspricht ein Rezept einem Kriterium, ist das entsprechende Symbol eingefärbt. Ist die Eigenschaft nicht erfüllt, ist das Symbol ausgegraut.

So seht ihr auf einen Blick, ob ihr bedenkenlos zugreifen könnt!

VEGETARISCH

VEGAN

LAKTOSEFREI

GLUTENFREI

KALORIENARM
Hauptgerichte < 500 kcal, Suppen/Vorspeisen < 350 kcal, süße Rezepte < 150 kcal, jeweils pro Portion

LOW CARB – KOHLENHYDRATARM
bis 25 g KH pro Portion

LOW FAT – FETTARM
< 20 % der kcal entstehen durch Fett

REZEPTE

Damit ihr beim Mixen schnell erfassen könnt, was zu tun ist, haben wir wiederkehrende Funktionen und Zubehöre durch die hier gezeigten Symbole ersetzt.

MIXTOPF

TEIGMODUS

LINKSLAUF

SPATEL

SANFTRÜHRSTUFE

ARBEITSAUFWAND

Auf einen Blick: So viel Zeit investiert ihr, dann übernimmt der Zaubertopf.

10 MINUTEN

IMPRESSUM

Low Carb Express. In 25 Minuten vorbereitet – dann übernimmt der Thermomix® von „mein ZauberTopf/EINFACH LECKER" ist eine Publikation aus dem Hause falkemedia

Herausgeber
falkemedia GmbH & Co. KG,
K. A. Goukassian (v. i. S. d. P.)

2024 by falkemedia
Alle Rechte vorbehalten

„mein ZauberTopf" ist eine unabhängige Publikation aus dem Hause falkemedia und steht in keinerlei Verbindung zu den Unternehmen der Vorwerk-Gruppe. Die Marken Thermomix®, TM5® und Varoma® sowie die Produktgestaltungen des Thermomix® sind eingetragene Marken der Unternehmen der Vorwerk-Gruppe. Für die Rezeptangaben in **„mein ZauberTopf"** ist ausschließlich falkemedia verantwortlich.

Copyright
Sämtliche Fotografien und Texte in diesem Buch unterliegen dem Copyright des Verlags falkemedia GmbH & Co. KG. Jede Vervielfältigung, Speicherung und Wieder- bzw. Weitergabe der Inhalte, auch nur auszugsweise, ist nur mit schriftlicher Genehmigung des Verlags erlaubt. Eine Vervielfältigung oder Verwendung von Fotos und Texten in anderen elektronischen oder gedruckten Publikationen ist ohne ausdrückliche Zustimmung des Verlags nicht erlaubt.

Haftungsausschluss
Für Fehler im Text, in Schaltbildern, Aufbauskizzen usw., die zum Nichtfunktionieren führen, wird keine Haftung übernommen.

Datenschutz
Jürgen Koch
(datenschutzanfrage@falkemedia.de)
falkemedia GmbH & Co. KG
Abt. Datenschutz
Pahlblöken 15–17,
24232 Schönkirchen

Bildnachweise
AdobeStock:
S. 13 Syda Productions; Africa Studio; patchii
StockFood:
S. 23 Eva Hilden Smith; S. 55 Gräfe & Unzer Verlag/Jörn Rynio; S. 105 News Life Media;
Unsplash:
S. 117 Tetiana Bykovets
Depositphotos:
S. 133 PantherMediaSeller
iStock/Getty Images Plus:
S. 11 Aamulya; S. 45 Irina Kozmova
Shutterstock: S. 13 sergeyshibut
Sonstige: falkemedia Archiv; S. 27 BSH/Désirée Peikert; S. 77 BSH/Anna Gieseler; S. 79 BSH/Anna Gieseler; S. 123 BSH/Anna Gieseler, S. 125 BSH/Kathrin Knoll; S. 127 BSH/Désirée Peikert

Illustrationen
Adobe Stock: S. 11 ~ Bitter ~; S. 45 DiViArts; S. 63 Qualit Design S. 99 rraya; S. 117 Sonya illustration; S. 133 Rudzhan
iStock/Getty Images Plus:
S. 12 Del_Mar
Sonstige: falkemedia Archiv

Chefredaktion
Vivien Koitka

Redaktion
Dr. Tanja Lindauer (Leitung Books & Specials), Svenja Rudolf, Nicole Neumann (CvD)

Rezepte
Charlotte Heyn, Lukas Lotzing, Elisa Schilling, Vera Schubert

Foodfotografie
Tina Bumann, Julia Eickmeyer, Anna Gieseler, Sophia Handschuh, Kathrin Knoll, Sandra Leibinger, Ira Leoni, Carsten Maler & Farina Terhaagen, Désirée Peikert

Lektorat
Gabi Hagedorn

Grafik und Bildbearbeitung
Katharina Rudy, Marleen Osbahr

Verlag
falkemedia GmbH & Co. KG
Pahlblöken 15–17,
24232 Schönkirchen
Tel. (0431) 200 766-00
Fax (0431) 200 766-50
HRA 8785 Amtsgericht Kiel

www.falkemedia.de
www.zaubertopf.de

Druck
Kreativ Druck
und Medienagentur GmbH
www.kreativ-sh.de

1. Auflage Januar 2024
ISBN: 978-3-96417-280-8

falkemedia
Wir begeistern Menschen.

Bisher erschienen

Die erfolgreiche Buchreihe „Einfach lecker“ von **mein ZauberTopf** ist ein Must-have für alle Fans des Thermomix®. Je über 50 Rezepte, wirklich hilfreiche Mix-Tipps und tolle Basis-Rezepte

ISBN: 978-3-96417-165-8

ISBN: 978-3-96417-166-5

ISBN: 978-3-96417-167-2

ISBN: 978-3-96417-168-9

ISBN: 978-3-96417-241-9

ISBN: 978-3-96417-253-2

ISBN: 978-3-96417-262-4

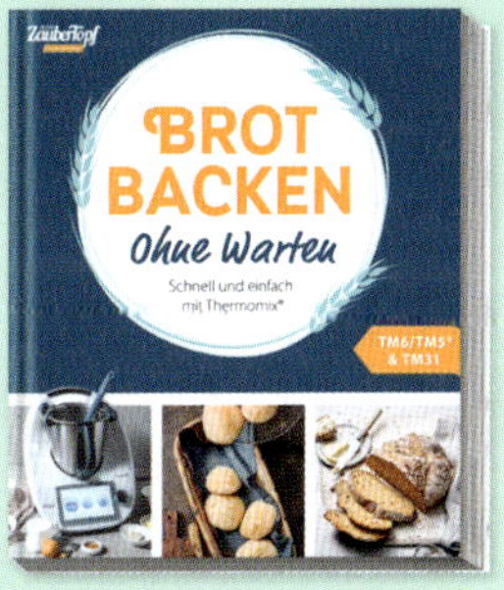

ISBN: 978-3-96417-263-1

Fehlt euch die Zeit oder die zündende Idee? Ihr wollt besser essen? Wir helfen euch!

Schlagt einfach hier nach

JETZT BESTELLEN UNTER: WWW.ZAUBERTOPF-SHOP.DE

Dieses und weitere auf:

amazon.de

AUCH ÜBERALL IM BUCHHANDEL:

bücher.de

Thalia

OSIANDER.de

Hugendubel

Das Lesen ist schön!

Mayersche.de

HOL DIR DAS SPECIAL

In diesem **mein ZauberTopf** Special findest du den vollen Geschmack und minimale Kohlenhydrate!

GRATIS

Mach dir das Leben leichter: Genuss ohne Verzicht

- ✓ Staune, wie lecker Low Carb wirklich schmeckt mit den besten Rezepten von **mein ZauberTopf**
- ✓ Erlebe echte Soulfood-Gerichte, die leicht gelingen, satt machen, ohne zu beschweren
- ✓ Spare Zeit! Mit dem Thermomix® und den simplen Gerichten steht das Essen ruckzuck auf dem Tisch

Jetzt herunterladen: www.zaubertopf.de/lowcarb-special